Das Märchen vom gewinnbringenden Schuldenberg

wiedererzählt von
Miss Moneypenny

übersetzt ins Deutsche von
Ingrid Lossau

Michaels Verlag, 86971 Peiting

Das Märchen vom gewinnbringenden Schuldenberg

oder

Von dem Ursprung, der Kindheit, dem Wachstum, der Pubertät, der Jugendzeit, der Reife und dem Mannesalter der Goldesel.

Wiedererzählt von Miss Moneypenny.

Michaels Verlag, 86971 Peiting

Impressum

Money Maker oder das Märchen vom
gewinnbringenden Schuldenberg

ISBN 3-89539-293-6
1. Auflage September 1995

Sonnenbichl 12, 86971 Peiting
Tel.: 08861/59018, Fax.: 08861/67091
Druck: EuroGraf s.r.l., Bologna, Italy

1.

Neulich war ich zu einem BANK-GABELFRÜHSTÜCK eingeladen. Es war das Übliche: man futtert sich durch das ausgezeichnete Angebot der Delikatessen, löscht den Durst, ergötzt sich an den weiblichen Schönheiten. Man bewundert natürlich auch „die allerbesten Kunden" (diejenigen, die bei der BANK die größten Schulden haben!).

Im großen und ganzen war es nett. Leib und Seele hatten etwas zu tun. Aber die ganze Zeit mußte ich mich über eine in mir wach gewordene Frage wundern. Warum war ausgerechnet ich zu diesem Gabelfrühstück eingeladen? Weder bin ich der zukünftige Empfänger eines unerhörten Kredites, noch hatte ich in der Vergangenheit von irgendwelchen Bankmöglichkeiten Gebrauch gemacht. Ich bin — wie man so sagt — ein normaler Mittelstandsbürger, dem sein Gehalt schneller durch die Finger läuft als dem Monat die Tage ausgehen.

Wirklich nichts Außergewöhnliches oder gar Bemerkenswertes. Ab und zu mal ein kleiner Kontoüberzug. Das ist alles. Obwohl sich Geldschulden sehr einfach „verkaufen" lassen, habe ich immer vermieden, meinen eigenen Sportwagen oder gar meine eigene Yacht zu erstehen, bevor ich das Geld dafür nicht wirklich verdient hatte.

Aber ich muß trotzdem so ausgesehen haben, als ob ich „dazu" gehöre, denn eine Gruppe von ernsthaften, nadelgestreiften Charakteren verwickelte mich in eine Diskussion. Sie gaben sich die größte Mühe, mich über die Vorteile des modernen Bankwesens zu belehren.

Faszinierend! Ich hatte nie gewußt, wie **nutzbringend** das Bankwesen für mich persönlich war. Ich hätte es mir nie träumen lassen, was für Opfer die Geldkaufleute meinetwegen bringen, um mich in die Lage zu versetzen, mein Leben zu **leben!** Als sie mit mir fertig waren, **wußte** ich: ich war „UNWISSEND"!

Mit Kaviar-Konserve als Magen und etwas angeschlagen vom Champagner, aber gehörig beeindruckt, ging ich nach Hause. Ich brauchte unbedingt ein Stündchen Mittagsschlaf. Ich **mußte** mich einfach ins „Traumland" zurückziehen, um mich von meiner Schande zu erholen. Warum hatte ich nur vorher nie bemerkt, was das „Bankwesen" täglich alles für DIE LEUTE allgemein und für mich speziell tut! Nadelgestreift unvorstellbar!

Kaum hatte ich meinen „reue-vollen" Kopf auf mein Kissen gebettet, geseufzt und meine Augen geschlossen, im Begriff in den wohlverdienten Schlummer zu sinken, als ein „Alp-Traum" ein Riesengebirge vor meinem geistigen Auge entstehen ließ, von dem selbst Sigmund Freud, der Altmeister der Traumdeutung, überwältigt worden wäre.

Gott sei Dank bin ich kein Psychoanalytiker. Also erlaubte ich dem Traum, eine volle Runde zu drehen. Wie erwartet, läuft er im Kreise, bis ich jetzt meine Augen öffne, um mich zu orientieren. Erschrocken stelle ich fest, daß ich mich plötzlich hier auf Erden befinde, und zwar in einer Zeitspanne, die „Gegen-Wart" heißt.

Ich schaue mich um, immer noch etwas besäuselt, und bemerke, daß mein Traum inzwischen die Farbe der Wahrscheinlichkeit angenommen hat. Er scheint eine Portion Wirklichkeit zu enthalten!

Eine Eingebung zwingt mich, diesen Traum mit Dir zu teilen. Aber bevor ich richtig loslege, möchte ich gern fragen: „Kann es sein, daß Du auch träumst oder sitzen wir zufällig im gleichen Boot?????????? Hm?"

Da Du nicht antwortest, mache ich erst mal eine Flasche auf, um meine traumzerrütteten Nerven etwas zu beruhigen.

Nach dem ersten Schluck biege ich meine ermüdeten Finger, um sie wieder gelenkig zu machen. (Weißt Du, den ganzen Mittag ein Glas in der Hand zu halten, macht die Finger steif.)

Und nun schalte ich meinen Freund, den Computer an. Seine zwei Scheiben surren... ah... der Lärm ist zu Ende!

Der Bildschirm ist so grün wie ein alter 20 Mark Schein, und nun erinnert mich mein Computer daran, daß er in Japan hergestellt ist. Darum bittet er höflichst um Nachsicht für irgendwelche Fehler in der schrei-bweise oder SATT-ZORD-NUNG, bevor er anfängt, meinen Traum wiederzukäuen.

So, jetzt ist Dir bestimmt klar, **wie** es kommen kann, daß man sich dumm fühlt. Nun laß mich meinen Traum erzählen, damit Du auch weißt, **warum** man für dumm verkauft wird.

LOS GEHTS!

Es war einmal ein Mann names Rockenheimsky (russische Schreibweise von „Rockenheimer”). Er lebte irgendwo im Muffelalter und er hatte drei Paar Hosen, zwei Umhänge und einen Dolch. Drei Paar Hosen im Muffelalter! Unvorstellbar! Wohlhabend war er! Er war ein Meister seines Handwerks!

Eines schönen Morgens, an dem der rosige Finger der Morgenröte einen ganz besonders rötlichen Hauch an den Horizont malte, stieg Rockenheimsky (oder Rockey, wie er sich selbst gerne nannte) in seine Sonntagshose und machte sie mit der Kneifzange zu. Dann setzte er sich in Richtung Rasierspiegel in Bewegung. Sein glaaattes, ansehnliches, junges, faltenloses Antlitz leuchtete ihm entgegen. Welche MACHT in seinen Augen! Sie ließ ihn in sich selbst versinken! Narcissus könnte mit Recht eifersüchtig sein!

Langsam öffnete er seine fein geschnittenen Lippen! Zwischen seinen perlweißen Zähnen stieß er die ersten der Worte hervor, die er sich vorher so schön zurechtgelegt hatte.

„Ich bin”, zischte er, bevor ein unanständiger Rülpser seinen so sorgfältig ausgedachten Wortschwall unterbrach. Er fuhr sich mit dem Handrücken über seine Lippen. Eine neue Anstrengung, anzufangen. Endlich kommen Worte hervor:

„Ich bin ein HANDWERKSMEISTER! Ich bin ein SILBERSCHMIED! Ich bin ein GOLDSCHMIED!" Mit beiden Händen betrommelte er seinen Brustkasten wie ein Gorilla mit Stuhlgangschwierigkeiten.

Er hustete, schöpfte nach Luft.

„DRIETE!" Durch die Anstrengung, dieses bedeutende Wort richtig zu betonen, brachen Schweißperlen auf seinen edlen Zügen aus. Aber er riß sich zusammen. Eiserne Disziplin!

„Ich brauche Anreiz! Richtigen ANREIZ! Nicht die Langeweile, die ich bei meiner Goldschmiederei verspüre. Nein! Richtigen ANREIZ! Ich muß was losmachen!"

Plötzlich bemerkte er, daß es dies nicht war, was er der Masse kundtun wollte, einer Menschenmasse, die sich in seiner Vorstellung draußen vor seinem Schlafzimmerfenster versammelt hatte und ihm verzaubert zuhörte. Er hustete wieder und schaltete seine Gehirnzelle an.

„Tauschhandel", äußerte sich die Gehirnzelle. „**Damit** fängst Du an, Rockey!"

„TAUSCHHANDEL! NATÜRLICH!" Fast schrie er. „Der Tauschhandel ist viel zu lange gang und gebe! Altmodisch! Viel zu verwickelt! Untragbar!" Seine Züge leuchteten auf. Das Leben war plötzlich ganz einfach.

„Das Tauschhandelsgeschäft muß verschwinden!"

oooOOOooo

Die Menschheit betrieb seit eh und je Tauschhandel. Jeder Mann, der etwas auf sich hielt, versorgte seine Familie, indem er einfach alles, was benötigt wurde, herbeischaffte. (Rokkenheimsky hatte keine Familie. Er war ein Einzelgänger. Er hatte sein Gold, und er war nur in sein Gold verliebt.)

Ein Handwerker tauschte das, was er hergestellt hatte, bcim Bauern gegen Lebensmittel ein. Der Bauer nahm die Gegenstände und ertauschte sich beim Schneider Kleider oder Flugscharen beim Schmied. Ein Bäcker tauschte sein Brot gegen Weizen, Wurst und Käse und wenn er den Weizen beim Müller mahlen ließ, hinterließ er immer einen oder zwei Sack Mehl als Gegenleistung für des Müllers Arbeit. Es war immer ein Erzeugnis, was zum Tauschhandel benutzt wurde, selbst wenn es ein Erzeugnis in Form einer Dienstleistung war.

Rockey brauchte mehr als das! Er konnte Leute anreizen und **dies** als Tauschmittel benutzen, **ohne** auf den mühevollen, langwierigen Ablauf, ein Erzeugnis herstellen zu müssen, zurückzugreifen. „Erzeugnisse sind für Einfaltspinsel, und Du bist gewitzt", hatte ihm seine Gehirnzelle eingetrichtert.

Sein Plan war gefaßt. Anreiz! Nicht durch Fertigung von Schmuckstücken und Symbolen in Silber oder Gold für seine herrischen Kunden. Nein, gewiß nicht!

DER MARKT! **Das** war sein Gebiet. Nicht die Börse. Nein, die gab es damals noch nicht. DER ERZEUGERMARKT! Der Ort an dem die Leute mit Waren handelten, die sie wirklich **erzeugt** hatten.

„TAUSCHHANDEL!" Er spie das Wort aus. Was für ein schmutziges Wort! „Sieh' Dir doch das Ergebnis an! Glückliche Menschen! Ganz viele frohe, glückliche Menschen. Gefährlich! Und diese 'Massen' **amüsieren** sich obendrein noch! Wie abgeschmackt!"

„Du darfst keine Zeit verlieren", bot sich seine Gehirnzelle an.

„Ein besseres System muß her!" antwortete er. „Schluß! Aus! Fertig!"

oooOOOooo

Im Muffelalter hatte jede Gemeinde eine Volksregierung (ähnlich wie bei meinem Computer und mir: ich bin die Regierung und der Computer macht die Arbeit), um sicherzustellen, daß die Freiheit eines jeden gewahrt blieb, damit er in Frieden seiner Beschäftigung nachgehen konnte. Damals bestand der alleinige Zweck der Regierung darin, zu verhindern, daß ein Mensch von einem anderen gezwungen werden konnte, etwas gegen seinen Willen zu tun. Das Menschenrecht war echt geschützt.

Im Muffelalter wurde jeder Statthalter von seinen Gemeindemitgliedern gewählt, und er wurde gerne und willig von allen Bürgern unterstützt. Regierungen von damals hatten mit den Regierungen von heute nichts gemeinsam.

Du hast bestimmt in der Schule gelernt, daß die Weltregierungen **uns** unterstützen. Jawohl! Für diese „Unterstützung" benutzen sie einige wenige der Früchte, die sie von uns gestohlen haben. Den Rest fressen sie selber. Ich meine, Regierungen **sind** hungrig, nicht wahr? Jawohl!

„Aber was hat das mit Tauschhandel und Rockenheimsky vor dem Spiegel zu tun?" frage ich Dich. Abwarten! Geduld! Ich komme gleich darauf. Lies ruhig weiter.

oooOOOooo

Wir befinden uns nun wieder im Muffelalter. Rockenheimsky ist fertig angezogen, und wir, die Träumer von Träumen, träumen gerade, daß das Erzeugnis der Regierung ist: „glückliche Menschen, die in Ruhe und Frieden ihren Geschäften nachgehen können". Nichts anderes, glaube mir das. Nun ja, wenn Du es nicht glaubst, träume mit mir!

Trotzdem **war** da aber etwas, über das die Leute, die einem „zufriedenen Leben" nachgingen, sich hätten streiten können. War ein Scheffel Korn ein echter Gegenwert für eine Sense?

War eine Angelrute mehr wert als zehn Fische? Zahlte sich ein Schwein gegen ein Schaf aus?

Da sie eine gute russische Gehirnzelle war, hatte sie Rokkenheimsky die Antwort auf diese immerwährende Frage nicht vorenthalten.

„Ich, Rockenheimsky von Rockenheimershausen, kenne die Lösung für unsere Tauschhandelsprobleme! Ich, Rokkenheimsky, lade Euch ein, meine Entdeckungen mit mir zu teilen! Versammelt Euch um die Mittagszeit!" hatte er den Büttel beauftragt, auszurufen.

Rockenheimsky, im Sonntagsstaat, bereit, den versteckten Dolch unter dem Umhang hervorzuholen, stand auf einer alten Goldbarrenkiste vor der Menge, die sich auf dem Dorfplatz versammelt hatte, um zuzuhören, was er ausgeklügelt hatte. Seine Stimme war glockenklar und mit sorgfältig ausgewählten und gut einstudierten Worten erklärte er ihnen die neueste Errungenschaft seiner Gehirnzelle.

Aufregung verbreitete sich in der Menge.

„Heil Rockenheimsky!" riefen einige.

„Lang lebe das System, das unser Leben verändern wird!" schrien andere.

Der Geistliche, der gelernt hatte, ungebärdige Massen der Hand Gottes zu überlassen, brachte die Menschenmenge zum Schweigen.

„Wo fangen wir an?" fragte er mit kanzelhafter Stimme.

„Ganz einfach, mein lieber Herr Pfarrer!" Rockenheimsky lächelte falsch wie ein Teufel, der gerade das Feuer geschürt hat. „Das GOLD, das ich zum Herstellen Eurer Juwelen und Schmuckstücke benutze, ist ein ganz besonderes Metall. Es zersetzt sich nicht. Es verliert nicht an Wert. Es wird für immer halten. Ja, bis in alle Ewigkeit!"

„Amen!" schrie der Pfaffe.

Rockey, ungestört, fuhr fort:

„Ich werde das Gold in meinem Besitz nehmen und Münzen daraus machen. Jede Münze wird ein Rubel genannt."

Dann erklärte er die Größenordnung der „Werte" und schlug vor, das neue Tauschmittel „GELD" zu nennen. Ausführlich ging er auf die Vorteile des neuen Systems ein. Die alte Tauschhandelsmethode putzte er herunter wie noch nie. (Anmerkung meines Computers: erst nach dem zweiten Weltkrieg erinnerten sich die Menschen wieder an die alten, glücklichen Tauschmärkte des Mittelalters und wagten sich erneut in dieses Geschäft. Doch sie waren vorsichtig und nannten es „Schwarzmarkt". Leider hielt diese Periode nicht lange an, da auch dieses Mal ein Rockenheimsky seine Goldfinger im Spiel hatte und auf einer Währungsreform bestand!")

Ein Statthalter kam mit einer Frage, die wie Gold glänzte: „Was passiert, wenn jemand in die Uralberge geht und für sich selbst nach Gold gräbt und dann in eigener Regie Münzen prägt?"

Unheilvolle Stille, dann Geflüster von dem Geistlichen in Rockenheimskys Ohr; danach eine hinterlistige Grimasse auf Rockeys Zügen.

„G E S E T Z W I D R I G !" brüllte Rockenheimsky aufgeregt an des Pfarrers Stelle. Der Geistliche legte seine Hand auf des Redners Schulter. Dies wirkte beruhigend. Leise wiederholte Rockey:

„Strafbar." Und dann, wieder etwas lauter: „Freies Unternehmertum! Chaotisch! Dem können wir nicht länger zustimmen! Zu Eurer eigenen Sicherheit! ORDNUNG muß herrschen! Nur geprägte Münzen, die von der Regierung genehmigt sind, werden im Umlauf geduldet."

Er lächelte hinterhältig wie der Pfarrer. Die Spannung wich und alle stimmten damit überein, daß dieser Beschluß **vernünftig** war.

Rockenheimsky schlug dann vor, jeder sollte die gleiche Anzahl an Münzen erhalten.

„Ich bin dagegen", schrie der Kerzenmacher. „Ich verdiene das meiste! **Jeder** benutzt meine Kerzen!"

„Das zählt für uns nicht", rief ein Bauer. „Ohne die Lebensmittel, die wir erzeugen, könnt ihr Euch gar nicht ernähren. Darum müssen **wir** das meiste erhalten!"

Andere Leute äußerten ihre Zweifel und ihre Mißbilligung.

Rockey ließ sie für einige Zeit debattieren. Schließlich erhob er seine Hand und wartete. Langsam ebbte die Flut der Worte ab und wiederum war die Aufmerksamkeit auf ihn gerichtet.

„Weil mir Euer Wohl am Herzen liegt, habe ich mir schnell etwas einfallen lassen. Ihr braucht Euch also nicht zu streiten, Genossen, Kameraden!" brüllte er. Das machte sie fertig. Nun hörten sie wieder aufmerksam zu:

„Ich schlage vor, wir probieren dieses System für ein Jahr einfach mal aus. Ihr bekommt die Anzahl Münzen von mir, die Ihr für die Führung Eures Geschäftes braucht! Ihr könnt soviele haben, wie Ihr wollt! Das einzige, worauf ich bedacht bin, ist Eure Rückzahlungsfähigkeit. Je mehr Münzen Ihr jetzt nehmt, um so mehr Münzen müßt Ihr in einem Jahr zurückbezahlen. Vergeßt das bitte nicht." Er lächelte süßlich.

„Selbstverständlich", fügte er hinzu.

„Selbstverständlich", wiederholte die Menschenmasse im Einklang.

Dann warteten sie, aber Rockenheimsky sprach nicht weiter. Die Stille verwandelte sich in ein Murmeln. Was er gesagt hatte, war zu gut, um wahr zu sein. Das Gemurmel wurde lauter. Gruppen bildeten sich. Einwendungen wurden laut. Es waren anständige, ehrliche Menschen, die irgend etwas nicht verstanden hatten.

„Und was bekommst **Du** als Leihgebühr fürs Gold und für all' Deine Arbeit, Rockenheimsky?" rief der Gastwirt.

Rockey war vorbereitet. Auf **diese** Frage hatte er gewartet.

„Dadurch, daß ich die Münzen liefere, leiste ich einen Dienst! Das berechtigt mich, für meine Arbeit entlohnt zu werden. Richtig?"

„Natürlich", stimmte der Gastwirt ein.

„Natürlich", schallte das Echo der „Genossen".

„Für je 100 Münzen, die Ihr von mir erhaltet, zahlt Ihr mir deshalb nach einem Jahr 105 Münzen zurück. Die 5 Extramünzen sind meine Gebühr, und ich nenne diese Gebühr 'ZINSEN'. Einverstanden?"

Man besprach sich weiter, aber keiner konnte einen besseren Vorschlag machen. Schließlich erhoben alle ihre Hand in Übereinstimmung. 5 Münzen als Gebühr waren wirklich nicht zu hoch. Außerdem war Rockenheimsky einfach brillant! Seine Idee allein war den „Zins" wert!

„Kommt nächsten Freitag zu mir", verkündete er. „Wir werden dann mit dem neuen System anfangen."

oooOOOooo

2.

Du wirst bestimmt gemerkt haben, mein Freund, daß ich mich wie ein Esel auf's Glatteis begebe. Ein Traum wie der meine hat einfach keine Existenzberechtigung! Es kann sich so nie abgespielt haben. Geld war immer Geld, und Leute waren immer Einfaltspinsel. IMMER!

Aber der **Traum** geht weiter!

Rockenheimsky eilt nach Hause. Die Genossen müssen zufriedengestellt werden, und das ist mit einer Menge Arbeit verbunden. Was für eine Aufgabe! Sofort fängt er mit seiner Münzproduktion an. Richtig beschäftigt ist er. Rund um die Uhr, sozusagen.

Am Freitag, den 13., war er soweit, wie er sein wollte. Er ließ dies verkünden! Die Leute, zu denen er vor einer Woche gesprochen hatte, eilten zu seinem Laden. Die Statthalter prüften und bewilligten die Münzen, und das „Rockey-System" war eingeführt.

Einige Leute liehen sich nur wenige Münzen, andere machten von der ungewöhnlichen Möglichkeit, die sich ihnen bot, im größeren Umfang Gebrauch. Aber richtig trauen tat keiner der neuen Regelung.

Sie wollten erst Beweise, doch sie bekamen sie bald! Das System war funktionsfähig, weil es doch viel einfacher war, eine Münze zu transportieren als ein Schwein. Münzen quieken eben nicht so wie ein Schwein.

Bald war alles in Münzen oder RUBEL bewertet, und die Veranschlagung des Wertes wurde „PREIS" genannt.

Die Preise ergaben sich durch Einschätzung der Arbeitsleistung die gebraucht wurde, um einen Artikel herzustellen, oder ein Ergebnis zu erzielen. Der Preis war hoch, wenn viel Arbeit erforderlich war. Doch wenn wenig Mühe angewandt wurde, waren die Werte gering und die Preise angemessen.

Eine Ausnahme gab es aber: Die Dirnen im Kontakthof hinter dem Gasthaus wollten jetzt eine Münze für jede Gefälligkeit. Die Kunden waren jedoch der Meinung, daß das, was die Dirnen erzeugten, als müheloses Vergnügen angesehen werden sollte. Eine Weile stritten die Mädchen über diesen Punkt. Dann wurde folgender Vergleich geschlossen:

1. Die Dirnen würden wirklich für das Vergnügen ihrer Kunden **arbeiten** und,

2. eine Münze erkauft eine **Anzahl** von Günsten. Die genaue Zahl hing sowohl von der Mühe ab, die die Dirne aufwenden mußte, um den Kunden zufrieden zu stellen, als auch von der Form und Schönheit ihrer weiblichen Attribute.

Über den Zeitpunkt der Bezahlung gab es lange Auseinandersetzungen. Würde man die Münze beim ersten Kontakt aushändigen und dann den Rest ihres Wertes als Kredit bezeichnen, oder würde man dann bezahlen, nachdem alle „Zusammenstöße" vorüber waren? Schließlich beschloß man, das „Zwischen-System" zu benutzen. Ein System, bei welchem die Münze halbwegs zwischen Soll und Haben ausgehändigt wurde.

Im großen und ganzen funktionierte das sehr gut.

Für eine lange Zeit lebten sie alle zufrieden und glücklich. Sogar die Dirnen waren zufrieden. Wäre es nicht passiert, daß das Beerdigungsinstitut plötzlich mit Männerleichen überschwemmt wurde und mehr verdiente, als manches andere Unternehmen, dann wäre das gesetzliche Angebot- und Nachfrage- System im Gleichgewicht geblieben.

Die übermäßige Anzahl von „Erstarrten" wurde durch die „Ungläubigen" hervorgerufen (diejenigen, die nicht an das neue System glaubten). Sie (die Ungläubigen) trauten dem Kreditausgleich im Hinterzimmer der örtlichen Kneipe nicht und verzehrten darum gierig den vollen Gegenwert einer Münze in einem Schäferstündchen. Man kann sich vorstellen, sogar erwarten, daß viele von ihnen aufgrund der Überanstrengung vorzeitig verschieden.

Auf diese Weise wurde die Wirtschaft manchmal für kurze Zeit aus den Angeln gehoben, und der Überkonsum gefährdete die Stabilität der Währung. Aber mit der Zeit pegelte sich alles wieder ein.

oooOOOooo

Im Dorf lebte ein Uhrenfabrikant namens ROLLEGGS. Er war ein vornehmer Uhrmacher, und er war der **einzige** Uhrenhersteller. Seine Preise waren maßlos, weil seine Kunden willig waren, alles zu bezahlen, nur um sich die wasserfest eingekapselten Zeitmesser an den Arm hängen zu können. Auch er schaufelte Geld wie Heu, genauso wie der Totengräber.

Dann stellte ein anderer CITIZEN (Bürger?) Uhren her, aber er bot sie zu einem niedrigeren Preis an, damit er einen Marktanteil erobern konnte. Im Endeffekt war ROLLEGGS gezwungen, seine Preise zu senken, um weiterhin im Geschäft zu bleiben. Bald nahm man eine „Domino-Stein-Wirkung" in allen Geschäftsbereichen wahr. Die Leute bemühten sich, die allerbeste Qualität für den besten Preis anzubieten. Und damit war der echte freie Wettbewerb geboren! Die Kunden wählten immer das, was für **sie** das Lukrativste war. Im Muffelalter hatten sie **tatsächlich** die freie Auswahl. Es gab keinen künstlichen Regierungs-„Wirtschaftsschutz" durch Lizenzen oder teure Konzessionen, die jemand daran hinderten, selbst ein Geschäft zu eröffnen. Ein jeder konnte das tun, womit er am besten vertraut war, konnte herstellen, was er herstellen wollte. Er brauchte bei niemanden für eine Bewilligung anzuklopfen. Er brauchte keinen Antrag auf Daseinsberechtigung einzureichen, um die Erlaubnis zu erhalten, glücklich zu sein. Unbekümmerte Lebensfähigkeit hing ganz allein von ihm und seinen Leistungen ab!

Und so steigerte und steigerte sich der Lebensstandard und bald wunderten sich die Leute, wie sie je ohne das „Rockey-System" ausgekommen waren.

oooOOOooo

Ungefähr ein Jahr nach der Einführung seines Wirtschaftswunders machte Rockenheimsky die Runde. Er suchte die Leute, die ihm Geld schuldeten, alle persönlich auf. Einige hatten mehr angesammelt als sie ihm schuldeten und bezahlten gerne die geliehene Summe zurück. 5 Münzen für je 100 Münzen, mit denen sie für ein Jahr gewirtschaftet hatten, fügten sie ohne Widerwillen hinzu. Dann liehen sie sich erneut Geld, um innerhalb des Systems weiterbestehen zu können.

Aber einige andere waren nicht so erfolgreich. Sie hatten weniger Münzen als zu Anfang. Zu ihrem Schrecken stellten sie jetzt fest, daß sie nun eine „SCHULD" hatten.

Rockenheimsky zeigte Mitleidsgefühle für die Verlierer und versicherte ihnen, daß ein neues Jahr vor ihnen lag, in dem **sie** leicht den Spieß umdrehen könnten. Als Obermeister der Täuschung bot er gewandt an, ihnen mehr Geld zu leihen, so daß sie mit ihrem Lebensstil fortfahren konnten. Aber er bestand auf einem Pfand über einige ihrer Güter, als **Sicherheit,** wohlgemerkt!

VOLLKOMMEN NATÜRLICH!

Diejenigen, die einen Fehlbetrag zum ursprünglichen Darlehen hatten, sei es auch nur für die Summe der extra 5 Münzen, die sie benötigten, um ihre Schuld bei Rockenheimsky auszugleichen, gingen hin und versuchten noch einmal, die extra 5 Münzen, die ja so schwer zu finden waren, zu erstehen.

Keiner, weder die Gewinner noch die Verlierer bemerkten, daß die gesamte Gemeinde als solche nie aus den Schulden herauskommen konnte, bis alle Zinsen, zuzüglich der geliehenen Münzen zurückbezahlt waren. Sie waren wirklich nicht fähig, das „Rockey-System" bis zum bitteren Ende zu durchdenken. Sie waren einfach glücklich darüber, keine Schweine mehr herumschleppen zu müssen. Das kann man ja auch gut verstehen! Darüber hinaus hatten sie ein **ganzes Jahr** vor sich! Morgen ist ein neuer Tag, und es wird schon alles werden.

Rockenheimsky wußte es besser. **Er** hatte das System ausgearbeitet! **Er** wußte, daß er die **extra** 5 Münzen nie ausgeliehen hatte. Sie waren nicht im Umlauf! Das extra Geld war nicht in der Wirtschaft. Viele **hatten** einfach zurückzustehen! Und so konzentrierte er sich auf die Verpfändung des Eigentums dieser armen Teufel. Nur aus Sicherheit, wohlgemerkt!

Natürlich gab Rockey einige Münzen für sich aus, doch nur von dem Häufchen, das durch die 5 Extramünzen an Zinsgebühren erwirtschaftet wurde. Existieren taten diese in Wirklichkeit nicht. Aber trotzdem waren sie für seinen Gebrauch da! (Reine Zauberei, nicht wahr?)

Neuerdings stand er jeden Morgen vor seinem Spiegel und bewunderte seine Schlauheit. Und in der Nacht, eigentlich ganz regelmäßig, besuchte er im Gasthaus Blondie, die begehrteste aller Bar-Mädchen. Sie war die gewandteste, schönste, üppigste, munterste Dame, die im Ort horizontale Gymnastik betrieb.

Rockey **hielt** wirklich was auf sich, freute sich über jede von ihm ausgegebene Münze. Er wurde extravagant, verschwenderisch sogar, da er ja kaum 5 Prozent der gesamten Wirtschaft für sich selbst ausgeben konnte. Darüber hinaus hatte er auch noch seine Goldschmiede. Obwohl ihm dieses Handwerk keine Freude mehr machte, gab es ihm trotzdem noch sein übliches Einkommen.

Nach langer, bedächtiger Überlegung baute er eines Tages einen Teil seines Ladens in einen Tresor um. Dann organisierte er eine Bande von Strolchen, die einige nichts ahnende Bürger um ihre Goldmünzen erleichterten.

Rockenheimsky sorgte dafür, daß die Vorfälle schnell bekannt wurden und bald empfanden es die Leute als nützlich, einige ihrer Goldmünzen bei ihm aus „Sicherheitsgründen" zu deponieren. Er verlangte eine angemessene Summe für diesen Dienst, basierend auf dem Platz, den die Münzen auf den Regalen der Stahlkammer einnahmen, sowie auf der Zeitspanne, mit der sie bei ihm hinterlegt wurden. Beim Erhalt der Münzen schrieb er „Quittungen" (Empfangsscheine) aus, die er den Deponenten überließ.

Goldmünzen sind schwer und Empfangsscheine wiegen nichts. Bald tauschten die Besitzer von „deponierten Münzen" nur noch Rockey's Quittungen im Wert der erworbenen Waren aus. Die Ladenbesitzer akzeptierten „Rockey-gezeichnete" Empfangsscheine gern mit der Absicht, diese in Münzen umzutauschen, wann immer sie wollten.

Aber Menschen sind von Natur aus faul, besonders in einer Wohlstandsgesellschaft. Viele Kaufleute waren zu bequem, die Goldmünzen aus Rockeys Laden zu holen. Darum wanderten die Quittungen von einer Hand in die andere, von Dirne zu Dirne, vom Totengräber zum Uhrmacher, anstatt daß das Gold selbst von Eigentümer zu Eigentümer überwechselte.

Rockey brauchte nicht lange, um festzustellen, daß die **Ausdehnung** seiner ursprünglichen Idee Wurzel gefaßt hatte. Es war ganz ungewöhnlich geworden, nach dem Gold im Tresor zu fragen.

„BESITZ IST 90 PROZENT DES RECHTS", beriet ihn seine Gehirnzelle.

„Besitz **ist** das Recht", wiederholte er und arbeitete sofort „Stufe Drei" seines Meisterplanes aus.

„Niemand benutzt mehr seine Goldmünzen", flüsterte er in seine eigenen Ohren.

„Weitermachen", antworteten die Ohren.

„Ich werde einen Teil der deponierten Münzen an jeden ausleihen, der mir dafür Zinsen zahlt. Dann brauche ich kaum noch neue Münzen herzustellen und habe mehr Energie, mit Blondie zu spielen!"

„Weitermachen", suggerierten die Ohren.

Rockey war überzeugt, daß es seine getreue Gehirnzelle war, die das grüne Licht gab. Und so begann er, Rockenheimsky, Geld zu verleihen, was ihm nicht gehörte.

Zu Anfang war er sehr wählerisch und verlangte unerhörte Sicherheiten. Darüber hinaus beschränkte er seine Leihgeschäfte auf kleine Beträge. Aber mit der Zeit wurde er waghalsiger und größere Mengen von Münzen wechselten den Besitzer, weil niemand „Stufe Drei" bemerkt hatte.

Eines Tages wurde er um eine wirklich enorme Anleihe angegangen. Des Mannes Kreditwürdigkeit war einwandfrei und die Sicherheiten mehr als befriedigend. Die Anleihe wurde bald bewilligt.

Im Beisein des Kunden öffnete Rockey die Tür des Tresors einen kleinen Spalt und zwängte sich in das Innere, wo die Goldmünzen hoch gestapelt in den Regalen lagen. Schnell machte er ein paar Übungen, bis ihm der Schweiß ausbrach.

Der Kunde ahnte nichts und bald erschien Rocky mit einem Eimer voll Goldmünzen in der Hand. Es war Schwerstarbeit, und das Schwitzen bestätigte es.

„Alles im Preis mit inbegriffen", erklärte er lächelnderweise seinem Kunden. Er stellte den Eimer auf den Ladentisch und schüttete den Inhalt aus. Dann stapelte er die Münzen in kleine Säulen. Er schwitzte etwas mehr. Eine Säule fiel um, und er mußte sie wieder aufrichten. Zeitaufwendig!

Erneutes Lächeln. „Leidend" schleppte er sich in den Tresor. Mehr Übungen, ein weiterer Eimer, mehr Schweiß, mehr Lächeln, mehr Münzensäulen.

Seufzer! Lächeln! Mehr Seufzer! Ein großes Taschentuch! Noch mehr Schweiß! ANKÜNDIGUNG: „Ein dritter Eimer!"

Auf halbem Weg zum Safe hielt er an, faßte sich theatralisch mit seiner goldenen Hand an seinen Kopf. Sein Kunde sah in besorgt an.

„Wenn **ich** hier schon soviel Arbeit mit diesem Münzenberg habe, was muß er **Dir** dann erst für Mühe bereiten", äußerte er atemlos.

Sein Kunde, ein schmächtiger Mann, sah plötzlich ängstlich aus.

„Du hast recht, Rockenheimsky", sagte er. „Ich bin nicht so stark gebaut wie Du. Was mag wohl geschehen, wenn ich dieses ganze Gewicht hebe...?"

Rockey legte schnell seine Hand auf den Arm des Mannes. Verschwörerisch!

„Ich habe eine Idee, die Dir viel Mühe ersparen wird!" sagte er, ein wenig außer Atem von den Übungen und vor Aufregung.

„Wirklich?" fragte der Mann neugierig.

„Jawohl!" Entschlossen und überzeugend klang Rokkenheimsky jetzt.

„Anstatt all' diese Münzen herumzutragen, können wir eine Einlage auf Deinen Namen machen. Ich werde Dir eine Anzahl von Empfangsbescheinigungen geben, die den Gegenwert der Münzen darstellen. Du kannst diese Bescheinigungen an Stelle der echten Münzen verwenden. Was hältst Du davon?"

Der Kreditnehmer betrachtete Rockeys schwitzende Gestalt und stimmte dem schnell zu. Die Münzen wurden wieder in den Tresor zurückgetragen, diesmal mit Leichtigkeit, und Rokkenheimsky stellte mehrere Quittungen aus.

Nachdem sein Kunde gegangen war, wischte Rockey zufrieden seine Hände ab. Er hatte es fertiggebracht, eine Goldanleihe zu machen und trotzdem alle Goldmünzen in seinem Tresor zu behalten! Sein Grinsen zog sich bis an die Ohren.

oooOOOooo

Jeder braucht Kapital. Freunde, Fremde, Unternehmer, Feinde, Fabrikanten, Finanzminister. (Frage: Welches Wort paßt nicht in die Reihe?...... Richtig! Es fängt mit „F" an.)

„Feinde" ist das Wort. Jawohl, Feinde! Feinde brauchen auch Geld, um die **Mittel** zu haben, uns das Leben schwer zu machen. Nach Rockenheimskys Ansicht konnten sie genau so gut Geldanleihen machen, wie jeder andere, solange sie die entsprechenden Sicherheiten hatten. Die Wirtschaft war **immer** wichtiger als der Frieden! Sogar im Muffelalter.

Ein Mann mit einem Tresor voll Gold kann sich wirklich nicht darum kümmern, wer es gebraucht, vorausgesetzt, es wird von einem Kreditnehmer benötigt, der mit den entsprechenden Sicherheiten aufwarten kann. Außerdem beleben Kriege die Wirtschaft. Kriege lassen Waffen und Leichen entstehen. Eine ganze Industrie ist darauf ausgerichtet und muß VERSORGT werden! Einfache Voraussetzung der Betriebs- und Volkswirtschaft, nicht wahr?

Nun, Rockenheimsky kümmerte sich nicht um Polemik. Durch meinen Traum erfahre ich, daß er dieses Wort noch nie gehört hat. Er hat dies mit vielen heute lebenden Menschen gemeinsam. Er betrieb somit friedlich sein Geschäft des Herausgebens von Empfangsscheinen, verlieh Geld, das ihm nicht gehörte, zu einem vielfachen Wert der Goldmünzen in seinem Tresor. Er war unantastbar, solange die wirklichen Besitzer nicht nach ihren Goldmünzen fragten und solange die Leute seinen Transaktionen **vertrauten.**

oooOOOooo

3.

„VERTRAUEN"! Na **das** ist ja ein Wort! Das schließt ja „Treue" mit ein! Aber Treue, das Seltenste was es überhaupt gibt, ist sogar noch seltener als Gold. Also können wir keine **Treue** in einer „Goldenen Gesellschaft" haben, oder? **Gold** muß das Rarste sein. Dies ist eine materialistische Gesellschaft, wo man in der Lage sein muß, die Ware, mit der gehandelt wird, zu „berühren". TREUE ist nicht anfaßbar. Darum gibt es in der „Gegen-Wart" diese großen „nicht zu fassenden" Treuhandgesellschaften. Logisch, nicht wahr?

Weil Rockenheimsky selbst ein „vertrauensvoller" Mensch war, legte er ein Buch an, um Nachweis zu führen. In dieses Buch trug er die Schulden und Guthaben von jedem seiner Kunden ein. Die Schulden trug er auf der Seite neben dem Fenster ein und die Guthaben auf dem Blatt zur Tür hin. (Dieses System ist noch heute im Gebrauch, und die oben angeführte Erklärung macht es dem „Möchtegern-Buchhalter" leicht, auswendig zu lernen, wo man die Schulden einträgt und wo die Guthaben in unserem gegenwärtigen Doppel — Eingang — Kein — Ausgang — Elektronischen — Datenverarbeitungsmaschinen — System verbucht werden.)

Nach der Anzahl der angesammelten Bücher und nach dem Umfang der Eintragungen, die er von Sonnenaufgang bis Sonnenuntergang machte, zu urteilen, war es offensichtlich, daß das Kredit-Geschäft Früchte trug.

Wohlstand verbessert den gesellschaftlichen Rang. Rockeys meteoritenartiger Aufstieg war keine Ausnahme. Sein Ansehen stieg im direkten Verhältnis zu seinem Reichtum. Er war jetzt **wichtig,** und er verlangte Achtung. Jawohl, meine Herren! Ach-tung! In Geldangelegenheiten war sein Wort heiliges Gebot. Sogar für den Geistlichen. Amen!

Goldschmieden von verschiedenen Gemeinden wurden auf seinen Erfolg aufmerksam und wollten wissen, was für einen

Geschäftsscharfsinn er besaß, um so einen positiven Einfluß auf die Menschen auszuüben. Eines Nachts versammelten sie sich und besuchten ihn.

Rockey enthüllte seine Ränke. Sie waren erstaunt, dann begeistert von seinen „wunderbaren Methoden". Reine Zauberei, entschieden sie. Und wie bei aller Zauberei müssen die Tricks geheim gehalten werden, damit sich das Kaninchen immer wieder vor dem verwirrten Publikum aus dem Hut ziehen läßt. Rockenheimsky machte ihnen das klar. Er erzählte ihnen mit Nachdruck, daß sein Plan den „Massen" nicht zugänglich gemacht werden dürfte, denn er würde mit Sicherheit fehlschlagen, wenn es irgendeinem gelänge, durch des Kaisers neue Kleider zu sehen. So schworen sie Geheimhaltung und verbündeten sich mit ihrem neuen Gott des Kapitalismus, Rockenheimsky.

Erfrischt und gestärkt von Rockeys Belehrungen gingen die Goldschmiede in ihre eigenen Dörfer zurück, um Rokkenheimskys Lektionen umgehend in die Tat umzusetzen.

Es dauerte auch gar nicht lange, bis die Leute überall akzeptierten, daß Empfangsbescheinigungen so gut wie Gold waren. Als dann eine andere Bande von angeheuerten Strolchen eine Reihe von solchen Bescheinigungen von einigen ältlichen Mitbürgern stahlen, und als diese Überfälle allgemein bekannt wurden, begannen die Leute, ihre **Empfangsscheine zu deponieren.** Die Goldschmiede, die die Empfangsscheine gern für die Leute aufbewahrten, wurden bald als „Volkshelfer" verehrt.

Als das Gold **und** die Bestätigungen sicher in Rockeys Tresor waren, landete der ehrlose Held meiner Träume seinen nächsten Coup. Er verlockte Kaufleute und Handwerker, die für Waren oder Dienstleistungen bezahlen wollten, einfach ihm (Rockenheimsky) ein Briefchen zu schreiben, mit der Anweisung, Geld von ihrem Konto auf das des anderen, dem das Geld geschuldet wurde, zu übertragen. Die Zahlen in den Büchern zu berichtigen, dauerte nur Sekunden, wenn man so geschickt wie Blondie war. Diese Ausweitung des Systems wurde schnell bekannt, und weil die meisten Zettel in der Gemeinde von Boten herumgetragen wurden, die nicht von Mütterchen Rußland stammten, sondern von der „Scheckei", wurden diese Zahlungsanweisungen bald „SCHECKS" genannt.

All diese Erfolge tankten Rockeys Gehirnzellen auf. Also berief er eine Versammlung mit seinen Goldschmiede-Kumpanen ein, um noch eine weitere Facette seiner teuflischen Vision zu enthüllen. Vielseitig-facettiertes-Multi-Denken-für-die-Massen, so nannte er seine klangvolle Idee. Die Mitstreiter waren vollkommen verblüfft von so viel Denkvermögen. Und an das anschließende „große Abendessen" erinnerte man sich noch lange.

Am folgenden Tag wurden alle Statthalter zusammengetrommelt, und Rockey, gut „geölt" von der Nacht zuvor, hielt eine seiner „schlüpfrigen" Reden.

„Meine Herren", sagte er so leise, daß sie sich anstrengen mußten, ihm zu folgen, „die Empfangsbescheinigungen, die wir nun schon für eine geraume Zeit ausgegeben haben, sind äußerst beliebt geworden. Es gibt gar keinen Zweifel darüber, daß sogar Ihr, die Statthalter, die vorbildlichen Vertreter des 'Volkes', diese benutzt und...", hier wurde seine Stimme etwas lauter, „sie **einfach** in der Anwendung findet."

Die Statthalter nickten, wie nur Statthalter nicken können. Ernsthaft und mit Würde! Das hat sich über die Jahrhunderte nicht verändert. Mein Traum hat also etwas Ähnlichkeit mit einer wirklichen Situation!

Im Stillen dachten sie sich: „Wir wissen das alles. Wo **ist** das Problem?" Auch das hat sich nicht verändert. Ein Abgeordneter weiß **immer** alles! Und er sucht **immer** nach einem Problem. Wenn er kein Problem findet, dann erfindet er eins. Das ist seine Aufgabe!

Rockenheimsky fuhr fort:

„Eine Anzahl Empfangsscheine sind nachgeahmt worden... von Fälschern! Und Ihr, die Beschützer des Volkes, müßt sofort etwas dagegen unternehmen!"

Die Abgeordneten waren ratlos. Sie fälschten die Meinungen ihrer Wähler immerzu, ohne daß die Leute, die sie in die Ämter erhoben, etwas davon wußten. Wie konnte man fälschen ohne ein Fälscher zu sein, heucheln ohne ein Heuchler zu sein?

„Hilf uns, Rockenheimsky!" riefen sie einstimmig.

Rockey hatte auf diesen Moment gewartet. Er wußte, ihre Nerven waren auf's Höchste angespannt. Schuldgefühle sind schmerzhaft! Besonders in der Magengegend! Er holte zum „Faustschlag" aus:

„Laßt es die Aufgabe der Regierung sein, Geld in Form von Scheinen auf unfälschbarem Papier zu drucken. Das Papier soll Muster enthalten, die nicht nachgeahmt werden können. Und dann muß der Oberstatthalter jeden Schein persönlich unterzeichnen!"

Es liegt in der Natur eines Abgeordneten, alles ohne zu zögern zu unterzeichnen und man hörte Seufzer der Erleichterung. Irgend jemand fing zu applaudieren an, um von dem Knurren seines schuldbewußten Magens abzulenken. Andere folgten und bald war Rockey einem rauschenden Beifall unterworfen.

Als das Klatschen abflaute, machte sich eine kleine Stimme aus dem Hintergrund des Saales bemerkbar:

„Wer trägt die Druckkosten für diese Scheine?" kam die zögernde Frage.

„**Wir** werden dafür bezahlen", winkte Rockenheimsky ab. „Spart uns die Zeit, Empfangsbescheinigungen auszustellen."

Und so wurde bestimmt, daß die Regierung, in ihrer nie endenden Bemühung, die Menschen vor üblen Einflüssen von Fälschern und Nachahmern zu beschützen, diese Scheine drucken würde, ohne daß Kosten für das Volk oder deren Regierung entständen.

Jemand sagte: „Ich brauch' jetzt was zu trinken!" Durstige Geschäfte, diese Regierungsgeschäfte.

Aber Rockey ritt immer noch auf seiner Welle. „Ihr könnt nicht trinken, solange ich meine Ideen nicht voll ausgeführt habe", tadelte er. „Erst wenn ich fertig bin, könnt Ihr Euren Kummer ertränken!"

„Mach's schnell dann", forderte die Stimme. „Du verplemperst wertvolle Zeit von bedeutenden Staatsbeamten!"

„Ich komme...", Rockenheimsky hustete, zweimal. Dann fuhr er fort: „zu dem letzten Punkt meiner Ausführungen. Ich bitte um Geduld."

Als die Menge nickte, fuhr er fort:

„Wir, die Herausgeber von Münzen, die Urheber des 'Modernen Zahlungsverkehrs' haben entdeckt, daß 'Lumpen' in die Uralberge gegangen sind, um nach Gold zu graben. Ihre gefälschten Goldmünzen sind in unserem System ohne unsere Genehmigung im Umlauf! Deshalb muß sofort ein Gesetz herausgegeben werden, damit alles **Gold,** das gefunden wird, der Regierung ausgehändigt wird."

„Gute Idee!" rief jemand. Andere folgten mit ähnlichen Bewunderungsausdrücken. Beifall schallte durch den Raum.

„Selbstverständlich werden diese 'Leute' für ihr Gold mit Geldscheinen entschädigt... und mit unseren Münzen", fügte er leise hinzu.

„ABGEMACHT!" Die Abgeordneten erhoben sich gemeinsam und verließen getrennt den Raum.

Und so, in dem Jahr der „Abenddämmerung der Menschheit", begann die Regierung, eine große Anzahl von Geldscheinen zu drucken, jeder mit einem bestimmten Wert wie: 1 Rubel, 2 Rubel, 5 Rubel, 10 Rubel und so weiter. Und die Goldschmieden bezahlten die Druckkosten mit dem größten Vergnügen.

oooOOOooo

Geschäftsleute machten nur zum Teil von den neuen Scheinen Gebrauch. SCHECKS sorgten für 90 Prozent aller Finanztransaktionen.

Aber die Geldscheine wurden schnell von der ahnungslosen Öffentlichkeit, dem „kleinen Mann" akzeptiert. Papier **war** leicht herumzutragen, und das Ausgeben war noch leichter. Bis zu einem gewissen Grade blieben sogar die Münzen im Umlauf. Doch die „SCHECKS" gewannen mehr und mehr an Bedeutung.

Bald wurde es wieder Zeit, in das Bienennest zu stechen. Der „erfinderische Rockey" mochte Bienen überhaupt nicht; er verabscheute sie sogar. Und so war es ganz natürlich für ihn, seine Gehirnzelle um eine Lösung für sein Problem zu fragen: „Wie komme ich an den Honig, ohne mich mit den Bienen einlassen zu müssen?"

„Frieden", riet ihm die Gehirnzelle.

Sofort heuerte er eine andere Bande an, dieses Mal „wohlwollende" Strolche, und verbreitete Frieden. Vor der „Friedens"-Erklärung bezahlten die Leute Rockenheimsky Geld, damit er ihre Münzen und Empfangsbescheinigungen im Tresor verwahrte. Jetzt allerdings, mit Frieden in Sicht, bot **er** 3 Prozent Zahlung an, wenn Leute ihr Geld in seiner Stahlkammer hinterlegten! Wundervoller Bursche, dieser Rockenheimsky, einfach wundervoll. Und so gütig! Bezahlt Leuten Geld, um **ihr** Geld sicherzustellen. Wunderbarer Mechanismus, die Blutegel anzusetzen. Wundervoll! Und so gingen sie ihm wieder auf den Leim.

„Glauben" zu schaffen, war eine von Rockeys größten Fähigkeiten, und nun ließ er die Leute glauben, daß er **ihr** Geld an die Kreditnehmer für 5 Prozent auslieh und er, indem er ihnen 3 Prozent Zinsen zahlte, einen mäßigen Profit von 2 Prozent für all' seine Arbeit machte.

Anständiger Kerl, stimmten sie alle überein. Anständig und großmütig! Ein solcher Menschenfreund! „Sich opfern", nannte es der Geistliche und schneuzte seine Nase, wenn das Gespräch auf Rockenheimsky kam.

„Idiot!" riefen seine Gegenspieler. „Tropf!" Doch auch sie waren im geheimen darüber erfreut, daß sie, anstatt an ihn für die Sicherhaltung Geld zu bezahlen, nun Geld von „SEINER" Sicherstellung verdienten!

In diesen friedvollen Zeiten wuchs das Volumen der Sparbeträge und wuchs und wuchs und mit all diesen Summen, die er im Hinterzimmer seines alten Geschäftes hütete, war Rockey nun fähig, Geld durch einfache Eintragungen in sein Buch zu verleihen. 100, 300, 500 manchmal bis zu 900 Rubel wurden in Geldscheinen oder Münzen, die in seiner Verwahrung waren, verliehen. Er wußte aus früherer Erfahrung, daß er darauf achten mußte, das Verhältnis von 9:1 nicht zu überschreiten, da einer von zehn Kunden tatsächlich sein Geld oder seine Münzen für Geschäftsabwicklungen benutzte.

oooOOOooo

Ich glaube, jetzt macht das „Rockey-System" mehr Sinn, und ich hoffe, daß Du, mein Freund, meinem Traum wirklich gefolgt bist. Träume sind da, um geträumt zu werden. Doch wenn es keine Träumer gibt, kann es keine Träume geben. Oder können da doch welche sein?

Auf diese Frage habe ich eine Antwort. Glaub' mir!

WENN DU KEINE TRÄUME SIEHST, BLICK IN DIE ZUKUNFT!

oooOOOooo

Darum also zurück zur Vergangenheit! Du **willst** den Rest meines Traumes doch hören, nicht wahr?... Ja?... Danke!

Wir haben nun festgestellt, daß **Vertrauen** im späteren Muffelalter vorherrschte. Wir haben auch von Rockenheimskys „Gesammelten Erfahrungen" gelernt, daß Geschäftsleute das „SCHECK"-System bevorzugen, da es relativ einfach die Übertragung des Geldes von einem Konto zum anderen erlaubt. Damit wurde erreicht, daß 90 Prozent der Geschäfte durch **Überweisungen** via „Scheck" gemacht wurden. Natürlich wären die Menschen mißtrauisch geworden, wenn ihre Guthaben eine gewisse Höhe erreicht hätten und das Geld nicht vorhanden gewesen wäre. Aber dies passierte in Wirklichkeit nie, da die 10 Prozent der Kunden, die ihre Konten anzweifelten und darauf bestanden, ihr Geld abzuheben, mit Leichtigkeit mit der tatsächlichen Summe der zurückbehaltenen Einlagen zufriedengestellt werden konnten. Und jemand, der tief in Rockenheimskys Schuld steht, hat nicht die Nerven, nach der Verfügbarkeit **seines** Bargeldes zu fragen.

Und nun kommen wir zum Heuler aller Heuler. Für die 900 Rubel in Buchwerten, die Rockey „verliehen" hatte, indem er selber darüber die „SCHECKS" ausstellte, bekam er 5 Prozent jährliche Zinsen. 5 Prozent von 900 Rubel macht 45 Rubel. Darum hatte er nach einem Jahr 945 Rubel. Das veranlaßt Dich zum Nachdenken, nicht war?

Aber was bezahlt er dafür? Hm? Rate mal... was, Du kannst es nicht?

Gut, dann werde ich es Dir vorrechnen. Er bezahlt 3 Prozent für Einlagen. Für 100 Rubel beläuft sich das auf 3 Rubel. Im Verhältnis von 9:1 Ausleihungen/Einlagen zahlt er also 3 Rubel aus und macht 45 Rubel. Das bringt ihm... 42 Rubel oder 42 Prozent Zinsen auf jede 100 Rubel, die ihm nicht gehören, die er aber in seinem Besitz hält! Das läßt Dich nachdenken, nicht wahr?

Und die Leute glaubten, er erzielte nur 2 Prozent! Reizt **wieder** zum Nachdenken an, oder? Nicht über die Zinsen, sondern über die Dummheit der Menschen, nicht wahr?

Rockenheimsky hatte inzwischen die Meisterprüfung im „Gaukeln" abgelegt, und alle anderen Goldschmiede folgten seinen Fußstapfen. **MIT EINEM FEDERSTRICH MACHTEN SIE GELD AUS NICHTS UND VERLANGTEN ZINSEN OBENDREIN!**

oooOOOooo

Es ist wahr, daß die Rockenheimskys des Muffelalters das Geld nicht herstellten. Die **Regierung** machte das. Sie, die Verdummungs-Experten, druckten die Scheine und prägten die Münzen und gaben sie **nur** zum „Verteilen" den Goldschmieden, um sich selber die Mühe zu ersparen! Und obendrein bezahlte Rockenheimskys Bande die Druckgebühren. Welch ein gutes „Geschäft" für die Regierung! Alles in strikter Übereinstimmung mit dem ihnen am Herzen liegenden Wohlergehen des Volkes!

Die Leute akzeptierten die Aussage, daß die Geldversorgung tatsächlich eine Regierungsangelegenheit war. Sie glaubten auch fest daran, daß Rockey Geld auslieh, welches ein Anderer eingezahlt hatte. Sie fanden auch nie heraus, noch stellten sie es in Frage, daß Einlagen sich nie verringerten, wenn eine Anleihe ausbezahlt wurde. Von Rechts wegen, wenn Geld ausgegeben wird, muß irgendwo ein Loch entstehen. Und dieses Loch sollte auf dem Konto **der** Person sein, die die Zinsen erhält.

Aber das Rockey System leckte nicht. Bevor ein Loch wirklich entstand, war es schon durch die Münzen- und Notenversorgung der Regierung geflickt. Es **war** soviel „Geld" im Umlauf, daß es von der „Regierungs-Noten-und-Münzen-Versorgungs-Gesellschaft" einfach gedeckt werden **mußte!**

Wenn jeder versucht hätte, seine Einlagen zur gleichen Zeit abzuheben, hätte die das System umgebende Sicherheitsmauer schwer gewackelt. Sie hätte einfach umfallen müssen. Aber hast Du je versucht, Deine Enten in eine Reihe zu kriegen, wenn ein Habicht (ich meine ein Rockenheimsky) Dich von oben durch die Regierungsbrille bewacht? Nicht möglich. Nein, leider nicht möglich!

Wenn dieses in der Gegen-Wart passieren würde, würde die Notenbank sofort große Mengen von „Empfangsbescheinigungen" austeilen, weil es deren Pflicht ist, die Redlichkeit der Bankbrüderschaft aufrecht zu erhalten. Aber das Muffelalter ist nicht die Gegen-Wart, erinnerst Du Dich?

oooOOOooo

Um mehr und mehr Münzen und Noten in den Umlauf zu bringen, führte Rockenheimsky, unterstützt von Blondie, die Abgeordneten regelmäßig zum Mittagessen aus. Strikt nach ein Uhr natürlich! (Verschwende niemals die Zeit eines Regierungsabgeordneten mit Belanglosigkeiten während seiner Dienststunden.)

Bei solchen Gelegenheiten spielte Blondie die Rolle einer perfekten „Gastgeberin", und wenn sie sich alle durch ihre Menüs gefuttert hatten, wenn der Roquefort serviert war und der Port seine Runde machte, erinnerten Rockeys „Nach-dem-Essen-Reden" die Statthalter immer wieder nachdrücklich an den Zuwachs der Bevölkerung und das Steigen der Produktion. Ohne Ausnahme bestand er darauf, daß dies mehr Geldscheine im Umlauf erforderte. Die Amateur-Schlaraffen folgten jedes Mal seinen Ausführungen, und für eine unerhebliche Druckgebühr gab die Regierung das heraus, was von ihr verlangt wurde. Immer stimmten sie zu, daß Rockenheimsky es am besten wußte. Außerdem war Blondie einfach herzerfrischend! Das war Grund genug, Rockenheimskys Vorschlägen ohne Frage zu folgen.

Und so breitete sich das System aus, und die Abgeordneten wurden fetter und fetter. Und Blondie erblühte von all der ihr bewiesenen Aufmerksamkeit. Und keiner fragte irgendwelche Fragen!

Nun wirst Du wahrscheinlich denken, daß ich am Ende meines Traumes bin. Ich wünschte, es wäre so. Doch gerade als ich aufwachen wollte, geht ein Kerl an Blondie vorbei, hinein in Rockenheimskys Heiligtum. Er guckt sie nicht einmal an! Er hat etwas anderes im Sinn.

Rockey, überrascht durch den unangemeldeten Besucher, bot schnell eine dicke Zigarre an und gab auch gleich Feuer. Das gab ihm genügend Zeit, seine Haltung zurückzugewinnen und seine Gehirnzelle auf „ALARMSTUFE EINS" zu schalten.

Wachsam, vollkommen Herr der Situation, setzte sich Rokkenheimsky, fest wie ein Felsen, wieder hinter seinen eindrucksvollen Schreibtisch und blickte seinen Besucher erwartungsvoll an.

„Die Zins-Gebühren sind unmoralisch", sagte der Besucher lakonisch.

„Unmoralisch? Wie meinst Du das?" Rockey heuchelte äußerste Überraschung. „Gaukeln, gaukeln, gaukeln", riet ihm seine Gehirnzelle. „Das kann doch nicht Dein Ernst sein!" Eine klare Feststellung. Der Besucher blieb unberührt.

„Für ausgeliehene 100 Rubel verlangst Du nach einem Jahr 105 Rubel zurück. Die extra 5 Rubel existieren aber nicht, also können sie auch nicht zurückbezahlt werden."

„Mein lieber Freund...", unterbrach Rockey, aber sofort wurde ihm von seinem Besucher das Wort abgeschnitten.

„Ackerbau erschafft Nahrungsmittel. Industrie stellt Waren her. Bergwerke produzieren Rohstoffe. Aber nur **Du** kannst Geld erzeugen."

„Na so was!" Rockey lächelte zuversichtlich. Immer hatte er die richtige Antwort bereit.

„Du scheinst mich nicht verstanden zu haben", fuhr sein Besucher fort. „Nehmen wir einmal an, es gäbe nur zwei Geschäftsleute in der gesamten Gemeinde, und die beiden haben alle übrigen Leute in ihrem Dienst..."

„Aber das ist doch lächerlich", unterbrach Rockey.

„Laß' mich zu Ende reden, Rockenheimsky", sagte der Besucher.

„Herr! Rockenheimsky, bitte."

„Ich bin nicht hier um zu bitten, also höre mir zu!" Der Besucher erhob sich von seinem Stuhl. Er war jung und ansehnlich und sah fit und schlank aus. Rockey schrumpfte zusammen.

„Wenn ich der eine Geschäftsmann bin, mir 100 Rubel entleihe, und davon 90 Rubel in Löhnen, Gehältern und Unkosten auszahle, und wenn ich 10 Rubel als meinen Gewinn, oder noch besser, als mein eigenes Einkommen einbehalte, dann habe ich die 100 Rubel verbraucht. Richtig?"

„Wie Du meinst", sagte Rockey verbindlich.

„Wenn mein Konkurrent sich 100 Rubel leiht, um damit sein Geschäft zu führen, 90 Rubel in Kosten und Gehälter und Löhnen auszahlt und sich ebenfalls erlaubt, 10 Rubel als persönliches Einkommen oder Profit zu behalten, dann hat er auch seine geliehenen 100 Rubel verbraucht. Richtig?"

„Richtig," imitierte Rockey seinen Besucher.

„Summa summarum macht das 200 Rubel, geliehen und ausgegeben. Richtig?"

„Ich sehe, Du kannst rechnen. Das war eine gute Vorführung von Deinen mathematischen Fähigkeiten. Ich bin jetzt beschäftigt. Auf Wiedersehen." Rockey erhob sich jetzt auch.

„Ich bin noch nicht fertig, Herr! Rockenheimsky."

Rockey zuckte mit den Achseln. „Dann mach mal weiter", sagte er mit gelangweilter Stimme und unterdrückte ein Gähnen.

„Um Dich zu bezahlen, müssen wir, mein Mitwettbewerber und ich, unsere Produktion zusammengerechnet für eine Gesamtsumme von 210 Rubel verkaufen."

„Mach was Du willst!" Rockeys Stimme verriet Ungeduld.

„Wenn es einem von uns gelingt, seine Ware für 105 Rubel zu verkaufen, so kann der andere nur noch 95 Rubel für seine Ware bekommen, da kein weiteres Geld zum Kauf im Umlauf ist. Er **schuldet** Dir dann 10 Rubel."

„Das ist doch sein Problem! Du verkaufst Deine Ware für 105 Rubel und bezahlst Deine Schulden. Was er macht, ist seine Angelegenheit, und wenn ich Du wäre, würde ich meine Nase nicht in anderer Leute Geschäfte stecken." Rockey wurde es heiß im Kopf. Sein Besucher konnte es fühlen.

„Ich bin hier, um einen Vorschlag zu machen, und nicht, um die herrschenden Kreise zu kritisieren", sagte er beschwichtigend. „Noch einen Augenblick und Du wirst meine Idee voll verstehen."

„Mach's kurz", schnaubte Rockey.

„Warum gibst Du nicht 105 Rubel heraus, 100 für mich und 5 für Dich? Dann wären 105 Rubel im Umlauf, und es würde keine Schwierigkeiten bereiten, den vollen Kredit zuzüglich der Zinsen zurückzuzahlen."

Rockenheimsky spürte einen Schock durch seinen Körper laufen. Sein System war in Gefahr, sein so sorgfältig ausgedachter Mechanismus, Leute zu Sklaven zu machen, wurde in Frage gestellt.

Er hustete. Lang und ausgiebig. Zeit, Zeit, Zeit. Dann schloß er seine Augen, als ob er sich von dem Ausbruch erholen müßte. Er konsultierte seine Gehirnzelle.

„Gaukeln, gaukeln, gaukeln!" Weich drang der Impuls in seine Gegenwart ein.

Er öffnete seine Augen, strahlte nun ein ernsthaftes Lächeln aus, ähnlich wie Bankiers heutzutage, wenn sie Dich informieren, daß Dein Kredit nicht bewilligt wurde.

„Geldwirtschaft ist eine sehr weitverzweigte Wissenschaft, ein unermeßliches, unergründliches Thema, mein lieber Freund", schwitzte er aus.

„Es benötigt ein jahrzehntelanges Studium, Stapel von Zeugnissen, einen außergewöhnlichen Verstand, um die Verwicklungen völlig zu verstehen. Viel praktische Erfahrung und fachmännische Meinungen sind Grundvoraussetzungen, um auch nur oberflächlich den Irrgarten der Komplikationen zu begreifen. Deshalb laß' **mich** diese Geschäfte erledigen, mein Lieber, und Du geh' und scher' Dich um Deine."

„Aber weil Du heute hierher gekommen bist, werde ich Dir einen guten Rat erteilen, kostenlos: Du mußt schwerer arbeiten, um Deine Produktion zu erhöhen. Du mußt Deine Ausgaben verringern und Deine Leistungsfähigkeit erhöhen. Mit anderen Worten: Du mußt ein noch umsichtigerer und produktiverer Geschäftsmann werden. Ich bin immer bereit, Dir dabei zu helfen. Gern werde ich Dich auf die richtigen Lernmittelquellen hinweisen. Kurz gesagt, ich werde alles tun, was in meiner Macht steht, um sicher zu gehen, daß Du mit dem, was Du hast, weitermachen kannst und willst, aber mehr Erfolg dabei erzielst."

Und so verließ ihn der gescheite, junge Mann tief beeindruckt, doch irgendwie enttäuscht. Er war überzeugt, irgend etwas war mit Rockenheimskys Ausführungen verkehrt, aber er kam nicht darauf, **was** es war. Er wußte, daß seine Fragen nicht zu seiner Zufriedenheit beantwortet worden waren.

Er fragte Freunde und Bekannte, versuchte, seine Beobachtungen zu teilen. Aber auf seine Fragen bekam er immer die gleichen Antworten:

„Rockenheimsky ist **der** Experte. Glaubst Du, daß Du soviel weißt wie er? Du bist nur ein einfacher Schuster. Bleibe bei Deinen Leisten."

Oder:

„Schau, wieviel Fortschritt wir seit der Einführung des neuen Systems gemacht haben! Schau, wie die Produktion nach oben geschossen ist! Rockenheimsky hat **Dir** in seiner Weisheit den Weg gezeigt. Sei dankbar und gehe ihn, ohne nach rechts oder links zu schauen!"

Und somit blieb der junge Schuster letzten Endes bei seinen Leisten.

oooOOOooo

4.

Ich hoffe, wir sind am letzten Teil meines Traumes angelangt! Man weiß nie, wie lang Träume sind, es sei denn, man träumt sie noch einmal. Diesen Traum noch einmal zu träumen, ist bestimmt kein Vergnügen. Doch in Deinem Interesse, mein Freund, werde ich beide Augen zudrücken. Es wäre eine Unterlassungssünde, wenn ich es nicht täte. Kannst Du Dir vorstellen, in einem Muffelaltertraum hängenzubleiben? Es wäre schade um die schöne Blondie und all das Geld.

Aber laß mich wieder auf den Superschieber Rockenheimsky zu sprechen kommen. Er hat jetzt einen ganzen Straßenblock aufgekauft, alle Häuser niederreißen lassen und eine Festung darauf gebaut. (Eine feste Burg ist unser Rockey!) Das Sicherheitssystem der Festung ist so ausgezeichnet, daß er jedesmal, wenn er da hinein will, feste klingeln muß.

Die Jahre machen sich bei ihm bemerkbar, und der Druck der Finanzpolitik und die Manipulationen mit den Poltergeistern der Staatskasse haben ihre Spuren hinterlassen. Auch Blondie verwelkt langsam, ohne jemals eine Knospe hervorgebracht zu haben. Das ist die Strafe fürs dauernde Anhören von unverblümten Ergüssen der Regierungsabgeordneten. Deren Motto ist: NICHT ANTREIBEN, ABTREIBEN! Als ob wir das nicht wüßten.

Und das bringt mich zurück auf meinen Traum über die Bevölkerung, deren Lebenserwartung im direkten Verhältnis zum Geldvorrat nachgelassen hatte.

Um die Zinsen für das geliehene Geld zu verdienen, waren die Kaufleute, die Großindustriellen, die Fabrikanten und andere echte Erzeuger gezwungen, ihre Preise zu erhöhen. Die Arbeiter beschwerten sich, daß ihre Löhne zu niedrig waren. Sie befürchteten einen unvermeidlichen Ruin.

Die Bauern konnten ihre Produkte nicht zu dem Preis verkaufen, den sie erwirtschaften mußten, um weiter bestehen zu können. Hausfrauen beschwerten sich über die maßlosen Nahrungsmittelpreise und mußten mit weniger auskommen.

Schließlich erschien eine vorher nicht bekannte Erscheinung. (Weißt Du, Erscheinungen erscheinen tatsächlich, und ich bin dabei, es Dir zu beweisen.)

DIE MENSCHEN BEGANNEN ZU STREIKEN! Sie verlangten nun **auch** Geld, ohne etwas dafür zu produzieren.

Von STREIKEN hatte man noch nie etwas gehört. Es hatte in der gesamten Geschichte nichts Ähnliches gegeben. Ein Streik war etwas vollkommen Neues.

Es hatte immer arme und reiche Leute gegeben. Das war nichts Besonderes, und die Reichen halfen immer den Armen. Das ist ein alter Hut! Doch in Rockenheimskys herrlichem System waren kaum wohlhabende Leute übrig geblieben, die den Armen helfen **konnten,** selbst wenn sie es gewollt hätten. Der gesamte Reichtum war in Rockenheimskys Händen und denen seiner Kumpanen. Das Heilmittel hatte sich in eine Droge zum Abbau der Körperstoffe umgewandelt, um den Kern für den neuen Stoffwechsel zu bilden. JEDERMANN wurde verdaut.

Die Esser waren dabei, die Essenmacher (Köche!) zu verschlingen, und der einzige Fluchtweg für einen Teil der Bevölkerung war, ZU STREIKEN!

Andere, die noch **etwas** besser dastanden, äußerten: zu streiken oder nicht zu streiken, das ist die Frage. Sie konnten dies aber nicht beantworten, weil Shakespeare zufällig nicht zugegen war. Sie trugen zu der allgemeinen Verwirrung bei, indem sie unschlüssig zusahen.

Wohlstand wurde nun ausschließlich in Geld gemessen, an mehr Geld, Tonnen von Geld und an dem Geldpegel in der Festung, an der man feste klingeln mußte. Vergessen war der wirkliche Reichtum der Gemeinde: der fruchtbare Boden, die rauschenden Flüsse und die ruhigen Seen voll mit Fischen, schattige Wälder mit Herden von Wild, die Bodenschätze, das gesunde Vieh. Die Menschen konnten nur noch an Geld denken und Geld war **immer** knapp.

Aber sie wagten nie, das System in Frage zu stellen. Sie blieben uneingeweiht. Die **Regierung** hatte die Verantwortung! Und **sie** hatten die Regierung „gewählt"! Und das Endprodukt vom Regieren war: „Glückliche Leute, die ihren Geschäften in Sicherheit nachgehen konnten."! Oder so hatten sie es zumindest von ihren Vorfahren gelernt. Und so legte man das irre Lachen des Wahnsinns als „GLÜCKLICHKEIT" aus.

Ein paar Schlauberger hatten ihr überschüssiges Geld, das sie verdient hatten, zusammen geworfen und „Kreditinstitute" oder „Finanzhäuser" gegründet. Sie waren in der Lage, 6 Prozent Zinsen zu erzielen, manchmal sogar noch mehr, weil sie nicht so wählerisch wie die Rockenheimsky-Bande waren. Aber sie konnten nur **das** Geld verleihen, was ihnen gehörte. Sie hatten nicht diese magische Kraft, aus nichts Geld zu machen, indem sie einfach Zahlen in ihre Bücher schrieben. **Dieses** Recht war ausschließlich den Rockenheimskys durch Regierungsbeschluß vorbehalten. Jawohl! Durch Regierungsbeschluß!

Aber diese „Kleinvieh-Macht-Auch-Mist"-Wucherer störten Rockenheimsky & Sturmtruppen, sei es auch nur deshalb, weil ihre goldverzierte Eitelkeit mit einem Hauch Patina überzogen wurde. Deshalb gründeten sie schnell eine Anzahl von ähnlichen Geldinstituten, um den „Geldkleinkrämern" Konkurrenz zu machen. Nach und nach schlugen sie diese „Münzenbändiger" mit ihren eigenen Waffen, entwaffneten sie sozusagen, übernahmen sie, zerdrückten sie oder was man sonst noch mit solchen „Außenseitern" macht. Bald waren alle Konkurrenzunternehmen entweder restlos im Besitz oder unter dem Mantel von ROCK & CO.

Die wirtschaftliche Lage wurde schlechter und schlechter und die „RÖCKE" rieben sich fröhlich ihre goldenen Hände. Die Gehaltsempfänger, früher immer ruhig und gelassen, beschuldigten jetzt ihre Arbeitgeber des Profitmachens. Die Bosse ihrerseits behaupteten kategorisch, daß die Arbeiter faul waren. Jeder meinte, der andere sei daran schuld. Statistiken gab es damals noch nicht!

Die Regierung war nicht fähig, mit den anhaltenden Unruhen fertig zu werden (Welche Regierung kann das schon?) und kam zu dem Beschluß, den Mittellosen unverzüglich zu helfen! Der Beschluß war kaum trocken hinter den Ohren, als Wohlfahrtspläne aufgestellt und Gesetze formuliert wurden, welche die Leute zwangen, zu diesen Vorhaben „freiwillig" beizusteuern. Natürlich (wie es nach Bekanntmachung eines „Regierungsentscheides" immer ist) wurden die Leute sauer. Sie (die Leute) waren daran gewöhnt, sahen es als selbstverständlich an, einem Nachbarn zu helfen, aber nicht durch ein von der Regierung forciertes „freiwilliges" Hilfswerk. Sie (die Leute) wollten nicht „automatisch" beitragen. Wegen ihres **eigenen** Anstandes und Willens steuerten sie bei, nicht wegen einer kindlichen **Vorstellung** einer gewählten Marionette. Nein, **so** wollten die Menschen einander nicht helfen!

„Diese neuen Gesetze sind nichts weiter als rechtskräftige Plünderung!" predigte jemand von seiner Apfelsinenkiste am Sonntagmorgen nach der Kirche. „Eine Person gegen ihr besseres Wissen auszunehmen, ungeachtet der guten Absicht, die dahinter steht, unterscheidet sich vom Stehlen nicht!"

Aber es versammelte sich keine Menschenmenge, um ihm zuzuhören. Die Leute fürchteten gesetzliche Drohungen bei Zahlungsunterlassungen, oder sogar Gefängnisstrafen. Sie fühlten sich hilflos, wurden gleichgültig. Sie hatten aufgehört, sich gegenseitig anzuschauen, aus Furcht, angeklagt zu werden, weil sie Einwände gegen die Handlungen der Regierung gemacht hatten oder sogar nur gemachten Einwänden **zuhörten!**

Am Anfang brachten die Wohlfahrtspläne allerdings etwas Erleichterung. Aber es dauerte nicht lange, bis die Probleme wieder im vollen Schwung waren und dann sogar mit viel mehr Nachdruck als zuvor. Um damit Schritt halten zu können, wurde mehr Geld in den Umlauf „gepumpt”. Die Kosten dieser „Hilfswerke” stiegen ins Unermeßliche, und die Größe des Verwaltungsapparates wuchs und wuchs und wuchs.

Lasse mich um der Gerechtigkeit willen darauf aufmerksam machen, daß die meisten Abgeordneten ehrliche und zuverlässige Leute waren, die nur das Allerbeste für ihre Gemeinde im Sinn hatten! Sie mochten nicht gerne ihre Leute um Geld angehen. Sie wußten genau, dies würde sie in den Augen ihrer Wähler unbeliebt machen.

Schließlich beschlossen sie, als Notlösung sozusagen, Geld von Rockenheimsky und seiner Brut zu borgen. Sie hatten jedoch keine Vorstellung (wie das bei Abgeordneten ganz normal ist), wie sie die Kredite zurückbezahlen wollten. (Regierungsbeamte überlassen es immer ihren Nachfolgern, die Suppe, die sie angebrannt haben, auszulöffeln. Nichts Neues, oder?)

Eltern fanden es immer schwieriger, die Lehrer für die Erziehung ihrer Kinder zu entgelten. Sie konnten ihre Ärzte nicht bezahlen! Sie blieben zuhause, bliesen Trübsal, klagten über ihre Misere. Dadurch blieben die öffentlichen Verkehrsmittel zum großen Teil unbenutzt, und so verlor ein Unternehmer nach dem anderen sein Geschäft.

Der Wunsch der Regierenden den Leidenden zu helfen, kam aus tiefster Seele und allmählich fühlten sie sich verpflichtet, diese nicht lebensfähigen Unternehmen zu übernehmen. Lehrer, Ärzte, Kutscher und viele andere wurden zu staatlichen Angestellten.

Wenige Leute erlebten das, was wir „Berufs-Befriedigung” nennen. Sie erhielten erträgliche Löhne, doch in der riesigen Maschinerie verloren sie ihre Individualität. Sie wurden winzig kleine Ritzel in der Umlaufbahn des „großen Zahnrades”.

Für Erfindungsgabe und Begeisterung war kein Platz. Leistungen wurden routinemäßig nicht anerkannt. Ihr Einkommen war von „Bleistift-Anspitzern" vorbestimmt und Beförderung trat nur beim Ableben eines Vorgesetzten ein.

oooOOOooo

Mein Traum ist, die Regierung und ich haben etwas gemeinsam. Wir suchen alle verzweifelt nach einer Lösung. Das Leben kann so nicht weiter gehen. Also bat die Regierung wieder Rockenheimsky um Rat. An wen konnten sie sich sonst wenden? Er war der **einzige** der wußte, wie Geldprobleme zu lösen waren.

Blondie hatte den Tag frei genommen, um für die Nacht erholt zu sein, und so empfing Rockey sie selbst. Kühl und gelassen, die Hände zum Gebet gefaltet und mit einem scheinheiligen Ausdruck auf seinen aufgedunsenen Gesichtszügen hörte er ihnen aufmerksam zu. Er unterbrach nicht, ließ sie endlos über ihre Probleme stottern.

Als alle Einzelheiten bis ins letzte gebeichtet waren, sah er sie voll Mitgefühl an. Ein warmes Lächeln strahlte Verständnis aus. Die Abordnung entspannte sich. Sie fühlten plötzlich bestätigt, daß sie zu dem richtigen Ort zur rechten Zeit gekommen waren.

„Menschen brauchen Lösungen für ihre Probleme", ergoß sich Rockey. Seine Stimme hatte einen bedauernden Ton. Die Abgeordneten nickten.

„Diese Lösungen müssen ihnen von jemanden eingeflößt werden, der **weiß,** wie man Probleme löst."

Seufzer der Erleichterung. Rockenheimsky kannte sein Handwerk!

„Menschen haben das Recht, glücklich zu sein, ohne dafür arbeiten zu müssen. Sie haben das Recht, mit dem Lebensnotwendigen versehen zu werden."

Mehr Nicken. Dann:

„Es gibt das uralte Sprichwort: ‘Alle Menschen sind gleich’, nicht wahr?”

Nickissimo! (Vieles Nicken.)

„Aber, EINIGE MENSCHEN SIND GLEICHBERECHTIGTER ALS ANDERE!”

Nickiminissimo. (Kein Nicken.)... Stille...????? (Fragezeichen!)

Rockey richtete sich zu seiner vollen Höhe auf.

„Der einzige Weg, um unsere gefährdete und bedrohte Wirtschaft zu stabilisieren, besteht darin, von den Reichen zu nehmen und es den Armen zu geben! Besteuert sie! Je mehr sie besitzen, um so mehr müssen sie dafür bezahlen! Preßt so viel Steuern wie möglich aus jedem heraus, der Mittel hat und gebt den Unterbemittelten gerade so viel, wie sie zum unbedingten Überleben benötigen! Auf diese Weise können Schulwesen und Krankenhäuser kostenlos für Mittellose zugänglich gemacht werden!”

Die Abgeordneten sahen sich an. PEINLICH! Äußerst peinlich. Warum hatten **sie** nicht an so eine einfache Lösung gedacht?

Aber Rockenheimsky war noch lange nicht mit ihnen fertig. Er stieß ins Horn, daß ihnen die Ohren schmerzten. Erst ließ er hochklingende Ideale ertönen, dann rührte er die Abgeordneten fast zu Tränen.

„Was ist doch Rockenheimsky für ein wunderbarer Mann!” Die unausgesprochenen Worte verbreiteten sich blitzartig durch den Raum.

Sie dankten ihm und dankten ihm und dankten ihm immer wieder. Sie lobten seinen Weitblick und seine Intelligenz. Sie applaudierten zu seinen Gebärden und jubelten seinen Rülpsern zu. Sie pflichteten seinen Anregungen bei und heiligten seine Vorschläge. Sie legten ein Gelübde ab, ihn bis zu ihrem Lebensende zu verehren. Wäre er auf der Stelle tot umgefallen, hätten sie dafür gesorgt, daß Rockenheimsky heilig gesprochen würde. Sofort, während sein Körper noch warm war!

Als die Delegierten zum Aufbruch bereit waren, überwand sich Rockey, selbst einen Beitrag zu leisten, um die unerträgliche „Regierungs-Last" zu vermindern.

„Ach, wo ich gerade daran denke", sagte er bescheiden und mit leiser Stimme, „laß mich Euch daran erinnern, daß Ihr einen ganz erheblichen Schuldenberg bei mir angetragen habt. Es ist nicht etwas, über das man jetzt sprechen sollte. Aber ich möchte doch darauf hinweisen, daß Ihr eine Menge Kapital aufgenommen habt."

Sofort senkten sich der Abgeordneten Augen. Besorgte Gesichter, augenblicklicher Schweißausbruch. Für ein paar Sekunden verstummte der GROSSE „R". Dann hob er seine Stimme ein bißchen:

„Aber Ihr braucht Euch keine Sorgen zu machen, liebe Freunde. Da es momentan so schlecht geht, bin ich natürlich gewillt auszuhelfen. Wie immer! Warum begleicht Ihr deshalb nicht einfach nur die ausstehenden Zinsen? Wir können die Kapitalrückzahlungen zurückstellen, bis bessere Zeiten kommen. Bezahlt mir nur die Zinsen."

Die Delegierten fielen vor so viel Verständnis fast um. Sie schüttelten seine Hände, klopften ihm auf die Schulter, küßten seine Wangen, lobten den „Herrn". Einen Mann wie Rockey in ihrer Mitte zu haben, war wie ein Geschenk des Himmels, dem wirklich nur mit Gebeten gedankt werden konnte. Er war jenseits von Gut und Böse.

Und so gingen sie von dannen, ohne an Rockenheimskys Theorien noch einen Gedanken zu verschwenden. Sie führten die abgestufte Einkommenssteuer ein, ein Steuersystem, welches auf der Voraussetzung basiert: je mehr man verdient, um so höher ist die Steuerrate. Dazu kommt, daß alle Steuern mit „Geld" bezahlt werden mußten. Selbstverständlich! Man durfte nicht mehr wie früher einfach ein Schwein als Zahlungsmittel vor dem Finanzamt parken. Nein, die Zeiten waren ein für allemal vorbei. Nur mit „Geld" konnte man seine Steuerschulden begleichen. Das Rockey-System hatte festen Fuß gefaßt!

Der Bevölkerung gefiel dies überhaupt nicht, aber die unzweideutige Drohung „Zahlen oder Tüten kleben" machte sie schnell gefügig.

Erzeuger waren gezwungen, ihre Preise wieder zu erhöhen. Bald verlangten auch die Lohnempfänger mehr Geld, mit dem Ergebnis, daß zahlreiche Fabriken ihre Tore schließen mußten. Dadurch entstand umfangreiche Arbeitslosigkeit, und die Regierung wurde genötigt, weitere Sozialleistungen einzuführen. Tarife, Zölle, Steuern und andere Bremsen wurden eingeschaltet, um strategische Industrien in Betrieb zu halten, damit wenigstens einige Arbeitsplätze erhalten blieben.

Als die Lage schlechter und schlechter wurde, führte die Regierung Lohn- und Geburtenkontrolle ein. Stempelgebühren, Mehrwertsteuer, Umsatzsteuer, Einkommen- und Lohnsteuer, Gewinnertragssteuer und Kirchensteuer wurden zu den Lasten, die die Erzeuger bereits zu tragen hatten, noch hinzugefügt. Ein kluger Bursche rechnete eines Tages aus, daß beginnend auf des Bauerns Weizenfeld bis auf den Tisch der Hausfrau auf einem Laib Brot 50 verschiedene Steuern lagen!

„Experten" strömten aus den Hochschulen der Gehirnwäsche und viele wurden in die Regierung gewählt. Aber immer kehrten sie nach der jährlichen Konferenz unverrichteter Dinge zurück. Sie machten jedoch jedesmal bekannt, daß das Steuersystem revidiert werden würde. Zum Nutzen aller, natürlich! Aber die „Überarbeitung" endete immer in **höheren** Steuern, so daß die Gürtel immer wieder enger geschnallt werden mußten.

Unnachgiebig forderte Rockenheimsky die Einhaltung seiner Zinszahlung, und ein immer mehr anwachsender Teil der Steuereinnahmen wurden für diese Zahlungen aufgewandt. Oft mußten die Abgeordneten sogar von ihm borgen, um die ausstehenden **Zinsbeträge** zu finanzieren!

Der nächste Schritt nach unten kündigte sich mit der Einführung der „Parteien-Politik" an. Die Menschen begannen zu argumentieren, welche Gruppe Abgeordneter am besten geeignet war, ihre Probleme zu lösen. Sie sezierten Persönlichkeiten, Idealismus, Parteinamen, Parteirichtungen, Parteiideen und Parteigruppen. Sie stritten sich über alles, aber die tiefliegenden Gründe wurden dabei nie tangiert.

Stadtverwaltungen gerieten in Bedrängnis. In einem kleinen Dorf überschritten die Schuldzinsen die Summe der eingehenden Jahressteuern. Überall, in den Gemeinden, im ganzen Land, häuften sich die unbezahlten Schuldzinsen. Und so wurde ein neues Gesetz erlassen: ZINSEN DURFTEN FÜR SCHULDZINSEN ERHOBEN WERDEN.

oooOOOooo

Prost, Freund. Ich mache jetzt eine Flasche auf, um den Krampf in meinen Tippfingern zu lösen. Die Verkrampfung stammt nicht von der Handarbeit auf der Tastatur meines heißgeliebten Computers. Nein, nein, nein, bestimmt nicht. Die Anspannung kommt vom Wollen und nicht Können: zuzuschlagen ... nein... jemanden zu erwürgen. Aber mein Opfer ist schon lange tot und lebt nur in meinem Traum weiter.

Hast Du jemals einen Traum erwürgt? Nein? Na, dann kannst Du bestimmt nicht verstehen, warum ich zur Flasche greife. Aber ich verspreche, ich genehmige mir nur ein oder zwei Gläschen. Vielleicht können wir danach den Traum wieder etwas humorvoller sehen. Also bis später, Wackelpeter.

oooOOOooo

Ich bin wie—der da! Hallöchen! Eine Hummel brummte gerade um mein Weinglas! Mein Gott, was für eine Anstrengung, das Vieh vom Trinken abzuhalten. Sogar Hummeln suchen heutzutage schon das „Vergessen aus der Flasche"! Aber Alkohol bekommt Tieren überhaupt nicht. Deshalb muß man aufpassen!

Laut gesetzlich festgelegten aeronautischen Grundlagen können Hummeln nicht fliegen. Aber diese hier weiß das nicht, also fliegt sie. Wir können aus dieser bedeutsamen Beobachtung schließen, daß luftfahrttechnische Grundsätze keinen Einfluß auf das Wissen der Hummel haben.

Rockenheimsky war kein „Luftikus". Er stand mit beiden Beinen fest auf dem Boden! Er lebte auf großem Fuß! Er **hatte** die Kontrolle. Er war der Erfinder des Zinseszins!

Nicht zu langsam und ganz sicher fiel der größte Teil des echten Reichtums des Landes in die Hände von Rockenheimsky und seinen Gesellschaftern (wie sie sich selbst gerne nannten). Und durch ihren immer weiter ansteigenden, sagenhaften Reichtum gewannen sie mehr und mehr Herrschaft über das Volk. Aber **alle** waren bis jetzt, sehr zu Rockeys Leidwesen, noch nicht eingesackt. Er wußte sehr gut, daß er keinen „inneren Frieden" haben konnte, bis **jede** Person in Scheck... ich meine... in Schach gehalten wurde!

Viele, die gegen das System protestierten, konnten mit Leichtigkeit durch finanziellen Druck gefügig gemacht werden. (Hast Du jemals einen Bettler gesehen, der eine Ansprache im Parlament hielt?)

Oder sie konnten in der Öffentlichkeit lächerlich gemacht werden! Prachtvoller Gedanke. Aber hast Du einmal versucht, eine gesamte Bevölkerung an den Pranger zu stellen? Eine vollkommen neue Industrie müßte allein aus dem Boden gestampft werden, um all die Gerüste zu bauen. Und wie steht's mit den Polizeiaufgeboten, um die Leute zusammenzutreiben? Jeder dritte Bürger müßte ein Polizist sein! Und schließlich das ewige Dilemma: Wer stellt die Anprangerer an den Pranger?

Unmöglich! Altmodisch! Der Dampfkessel mußte für einen neuen Gedankengang angeheizt werden.

Darum machte Blondie Rockey Feuer unter dem Hintern, bis ihm die richtige Idee kam. Und das Licht ging ihm auf!

Hell erleuchtet beschloß er, seine neuesten und modernsten Pläne mit seinen „Gesellschaftern" im „ALL-GE-HEIME", einem riesigen, neuen Hotel, das er hatte bauen lassen, zu diskutieren. Die Ortsansässigen nannten sein „Flagschiff" den „UNSINNS-PALAST", sehr zum Mißfallen des wohltätigen und menschenliebenden „R".

Der unfreundliche Spitzname war nicht nur von einem Schild in einem Schaufenster einer Boutique abgeleitet, das lautete: „WIR SPRECHEN UNSINN". Nein, mein Freund, das war nicht der einzige Grund.

Der eigentliche Grund war, daß in diesem Hotel sehr viel Unsinn getrieben wurde. „ER" wollte immer das Hotel als einen Übernachtungsplatz für seine Widersacher, die sich auf einem „TRIP" befanden, benutzen, damit er ihnen „brüderliche Hilfe" anbieten konnte. Aber mehr als einmal reisten seine Gegenspieler ab, nicht mit Hilfe, sondern mit einem „TRIPPER" versehen.

Wie dem auch sei, nach vielem Pfuschen, Schäkern, Tanzen, Abstumpfen, Handeln, Betrügen, Abweichen, Graben, Speisen, Schwanken, Beherrschen, Zweifeln, Schätzen, Verallgemeinern, Verändern, Verängstigen, Veranstalten, Verarzten, Verbergen, Verbiegen, Verblenden, Verblüffen, Verbrechen, Verbummeln, Verbünden, Verdächtigen, Verdammen, Verdoppeln, Verdrehen, Verfälschen, Verfolgen, Vergeuden, Vergiften, Vergnügen, Vergrößern, Verhaften, Verheimlichen, Verhöhnen, Verpesten, Vermählen (mein Gott, mein Computer läuft ganz heiß von all diesen Worten) wurde beschlossen, Rücklagen zusammenzulegen und damit die Mehrzahl der Zeitungsverlage sowie die bedeutenden Radio- und Fernsehstationen zu erwerben, um sie unter dem „Management" von „nach seinen Richtlinien" ausgesuchten Leuten laufen zu lassen.

Ich muß hier mit Nachdruck festhalten, daß mein Traum mir erzählt, viele dieser „auserlesenen" Manager hätten das ernsthafte Bedürfnis gehabt, die Welt zu **verbessern.** Leider aber bemerkten sie nie, wie sie manipuliert wurden. Ach Du Schande! Die armen, fehlgeleiteten Burschen! In Ihren endlosen Abhandlungen und Kommentaren behandelten sie immer die Symptome, niemals die Ursache. Sie suchten nach der Wahrheit in einem Paket von Lügen. Armselige Bauern produzierten öffentliche Meinungen.

Um die Angelegenheit noch komplizierter zu machen, gab es verschiedene Richtungen bei den Zeitungen — eine für den rechten Flügel — eine für den linken Flügel (Waren sie Engel?) — eine für die Arbeitnehmer — eine für die Arbeitgeber — eine für die Östlichen — eine für die Westlichen (Kiplings Ausspruch: „die zween werden sich niemals treffen" war noch nicht bekannt) — eine für die Südländer — eine für die Nordländer.............

Die Typen waren endlos und Typographie erreichte einen neuen Stand der Technik. Es machte keinen Unterschied, welches Blättchen man abonnierte, da jedes darauf getrimmt war, vom Nachdenken über den wahren Sachverhalt abzulenken. (Nach einiger Zeit dachten die Menschen sowieso nicht mehr nach. Die Presse übernahm diese Aufgabe völlig. „Einsehende", wie die armen Menschen **offiziell** in Rockenheimsky Kreisen genannt wurden, hörten bald auf, eine „Einsicht" zu haben.)

Rockenheimskys Pläne näherten sich der Vollendung und mit Recht sollte mein Traum nun zu einem Ende kommen. Rockey und Konsorten hatten das ganze Land in ihrer Tasche. Durch Erziehungs- und Ausbildungswesen, durch die Medien, durch vom Staat vorgeschriebene Euphorie produzierende Drogen (im Interesse der geistigen Gesundheit der Bevölkerung natürlich!) hatten sie nahezu vollständige Kontrolle über den Verstand der Menschen. Es war ihnen gelungen, die Menschheit an den Punkt zu bringen, wo die Leute unfähig waren, für sich selber zu denken, und nur noch glaubten, was die Clique ihnen eintrichterte.

Aber da sind noch ein paar Sandkörner übrig, die der Sandmann verstreut hat. Und es wäre eine Unterlassungssünde, wenn ich mir die nicht aus den Augen wischen würde. Doch bevor ich das Taschentuch gebrauche, muß sich der Sand erst etwas setzen. Du siehst, ich kratze wirklich den Boden der Sandkiste aus, und nun muß ich in dem übrig gebliebenen Schmutz nach weiteren „FINKEN" suchen (eine Menschenrasse aus einem Land **diesseits** des Urals mit Namen: FINKENSCHMUTZLI). Also hänge ich mein „BITTE NICHT STÖREN"-Schildchen über den Bildschirm meines Computers und mache eine kleine Pause, um den Rest des Weines zu genießen. Ich hoffe nur, daß die Hummel jetzt eine Mücke gemacht hat.

oooOOOooo

5.

Hallo, mein lieber Freund. Der Wein hat gutgetan und nun bin ich dabei, die Stulle zu verdauen. Sie hat mir etwas den Magen verstimmt. Oder war es die Hummel? Sie war auch wieder da, denn sie ist wirklich ein Außenseiter. Sie hält sich nicht an Weltgesetze. Deshalb habe ich sie trinken lassen. Mensch, ist die tief ins Glas gekrochen. Dann hummelte sie davon. Doch bevor sie in das blaue Nichts verschwand, gab sie mir die Gelegenheit, sie näher zu betrachten.

Nun habe ich die Frage zu meiner Antwort... Entschuldigung, es muß der Wein sein...:

„Wie kommt es, daß eine Hummel fliegt, wenn sie es gar nicht kann?" Einfach, mein Freund, ganz einfach.

KRAFT! GESTEUERTE ENERGIE! Genug nackte Kraft, um diese fette, haarige Biene zum „Hummeln" zu bringen.

Gut, hm? Ausgezeichnete Beobachtung. Selbst wenn das nach Eigenlob stinkt. Ausnahmsweise (nur diesmal!) bin ich stolz auf die Hummel in meinem Hintern. Sie, die dicke Biene, hat mir gezeigt, wie ich meinen Traum entwirren kann.

KRAFT! GESTEUERTE ENERGIE! Na, das ist ja ein Ding! Rockenheimsky hat **seine** Energie in Kanäle gesteuert, die jeder Beschreibung spotten. Die Ergebnisse seiner Tätigkeit kennen wir jetzt zur Genüge.

Er hat nun alles, was sich sein kleiner Klinkerstein von Seele wünscht. Er hat alles Geld der Welt, zu kaufen, was er kaufen möchte. Er und seine Verbrecher (Verbündeten?) haben es geschafft. Wirklich großartig! So, was gibt es noch, um ihn anzuspornen?

Ah, er möchte seine Stellung **halten.** Das Übel festigen, sozusagen. **Das** ist eine Fähigkeit, die er nicht besitzt. Darum mußte er weitere Leute versklaven, da er Furcht davor hat, daß sie ihm vielleicht auf die Finger klopfen könnten.

Er benötigte MACHT, um bestehen zu können! Er weiß nicht, daß Macht eigentlich nur potentielle Kraft ist! Macht braucht keine Anwendung zu finden, um zu bestehen. Aber er weiß, ganz tief drinnen (in einem Bunker seiner Klinkerstein-Seele), daß er eine Riesenangst hat. (Wenn ich soviel wie er angezettelt hätte, würde ich auch immer über meine Schulter gucken müssen!) Er weiß, daß Macht nicht mit Geld zu erstehen ist. Man kann mit Geld Zustimmung erkaufen, ja. Aber wirkliche Macht kommt von Innen heraus. Sie muß nicht stetig zum Ausdruck gebracht werden. Und sie hat mit Geld oder Besitztümern nichts zu tun!

Schau, was er mit seinen Leuten gemacht hat. Ist **das** Macht, frage ich Dich? Natürlich, die armen Teufel ließen ihn einfach schalten und walten. Das ist wahr. Sie waren ehrlich und ahnungslos, vielleicht sogar simpel. Aber was würde passieren, wenn sie plötzlich aufwachten und ihn an den Galgen hängten? Was würde geschehen, wenn der Schleier der Illusion beiseite geschoben und die nackte Wahrheit seiner Täuschungen plötzlich allgemein bekannt und **verstanden** würden? Was dann?

Rockenheimskys Seele, dieses dunkle Verließ des Vergessens, sitzt von morgens bis abends auf dem Töpfchen. Er fürchtet um sein kostbares Leben. Er erzählt keinem etwas davon, aus Furcht, andere würden sich weniger vor ihm fürchten. Der Pinsel! Also redete er sich ein, er brauchte Macht, wirkliche Macht über andere menschliche Wesen. Arme, miserable Kreatur, der Rockenheimsky.

Sicherlich war sein Einfluß uneingeschränkt. Erziehungs- und Gesundheitswesen, Besteuerung von Wohlstand, Regierung, Geheimdienst – alles tanzte nach seiner Peitsche.

Aber die Leute hatten immer noch **Bargeld.** Viel zu viel, um Rockeys Angstschmerz zu lindern. Bargeld macht unabhängig, und Unabhängigkeit durften die Massen nicht länger genießen. Auch nicht im Geringsten. Man kann nicht ein Zehntel einer gesamten Bevölkerung ungeknechtet lassen! Nein, mein

Freund! Das wäre gefährlich, es würde ihn bei unerwarteten Angriffen oder Nachforschungen mit Sicherheit bloßlegen.

„MACHT ÜBER DIE MASSEN" war sein höchstes Gebot. Also fuhren die verruchten Schurken mit großer Listigkeit mit ihren täglichen Geschäften fort und legten weitere Spielregeln für die Toren fest.

„Toren!" Das Wort hat mein Computer gerade geschrieben. Richtig! Weil die „Sippschaft" glaubte, sie selber seien allen anderen überlegen.

„Es ist unsere Pflicht, zu herrschen! Die Massen wissen nicht, was gut für sie ist. Sieh', wie sie **existieren.** Sie wissen nicht, wie man **lebt.** Sieh' Dir uns an! Wir setzen tagaus und tagein ein Beispiel. Aber **sie** folgen uns nicht! Sie **sind** Trottel. Überzeug Dich doch selbst! Sie müssen gehütet werden, und **wir** sind die Hüter! Zu herrschen ist unser Geburtsrecht, und Wettbewerb ist eine Sünde!" (Ausschnitte aus einigen von Rockeys „INS-GE-HEIME"-Nachmittagsreden.)

Eine neue Karre mußte gebaut werden, vor die man den Gaul spannen konnte. Die Räder sollten so gut geschmiert sein, daß sie lautlos rollten, damit kein aufmerksamer Bürger jemals hören konnte, wenn sie vorbei fuhr.

Die vielen Kreditinstitute im ganzen Land wurden zu **dem** Fahrzeug. Natürlich waren diese in Privatbesitz! Theoretisch waren sie sogar Konkurrenten. Natürlich! In der Praxis sah das allerdings anders aus. Sie gehörten alle entweder ROKKENHEIMSKY & CO. allein, oder er hatte die Aktienmehrheit. Sie arbeiteten in Wirklichkeit sehr eng zusammen. Finanzwirtschaft war zu einer Einbahnstraße geworden.

Nach einem dieser Mittagsessen, mit den Finanz-Eierköpfen der Regierung im „UNSINNS-PALAST", befand sich Rockey plötzlich im Besitz eines Freibriefes, der ihm erlaubte, ein Institut einzurichten, daß er „CENTRUM für FINANZ RESERVEN" oder kurz C.F.R. nannte. Er und seine Drückeberger (Bilderberger?) brauchten nicht einmal ihr „eigenes" Geld einzusetzen. Sie gaben sich einfach Kredit gegen die Geldsummen, die die Leute bei ihnen deponiert hatten!

Der C.F.R., das Monument der Menschheits-Wechseljahre, gab den Anschein, eine Regierungstätigkeit zu sein, die die Geldversorgung reguliert. Nichts könnte weiter von der Wahrheit entfernt sein. Weder einem Regierungsabgeordneten, noch einem öffentlichen Bediensteten wurde es je erlaubt, ein Vorstandsmitglied zu werden!

Kurz nach der Erstellung des „Monuments" durch die „wohlwollenden Wahnsinnigen" hörte die Regierung auf, sich direkt von Rockenheimsky Geld zu leihen. Stattdessen schrieben sie Schuldscheine an den C.F.R. aus. Als Sicherheit für ihre Kredite boten sie die geschätzten Einkünfte aus den Steuern des **kommenden** Jahres an.

Dies war so von Rockey geplant, damit jede mögliche Verdächtigung (der Massen?) von ihm entfernt und auf eine **scheinbare** Regierungstätigkeit geschoben werden konnte.

Aber hinter den Kulissen hatte **er** die Kontrolle, viel mehr noch, als je zuvor. Jetzt war er wirklich fähig, Druck auf die Regierung auszuüben, seine schmutzige Wäsche für ihn zu waschen.

„Laßt mich den Geldschatz der Nation beherrschen, und ich kümmere mich nicht darum, wer die Gesetze macht", **flüsterte** er in die Ohren seiner Verbündeten, aus Furcht, von den Massen **gehört** zu werden. (Die Betonung kommt von meinem Computer.)

Und so geschah es, daß Rockenheimsky zur Pumpe des Lebensblutes der Nation wurde. Es machte ihm nichts mehr aus, welche Gruppe Regierender das „Ausbluten" vornahm. Ihm war das alles ganz egal. Solange das Blut nur floß!

Und fließen tat es. Die Regierung erhielt ihr Geld vom C.F.R. und **Zinsen** wurden immer für jeden Kredit berechnet. Wohlfahrt, öffentliche Gesundheit, freie Erziehung und Ausbildung und andere haarsträubende Unterfangen verbrauchten mehr und mehr von den Rücklagen der Regierung, und im Endeffekt fand es der Staat immer schwieriger, die Zinsen zu bezahlen. Verständlicherweise wurde über die tatsächlichen Kredite kaum ein Wort verloren. Diese waren zu einem riesigen Schuldenberg angelaufen. Das „liebe Herzchen" hatte es so beabsichtigt!

Die Massen fuhren fort, darüber zu debattieren: Geld ist ein System, daß von Menschenhand geschaffen ist. Sicherlich kann der Mensch es verändern, damit es ihm dient, und ihn nicht beherrscht. Aber immer, wenn der Stimmenchor einen Höhepunkt erreichte, wurde künstlich eine „Panik", ein „Börsensturz" oder eine „Depression" erzeugt, die sie schnell still werden ließ, weil sie immer gezwungen wurden, verzweifelnd nach den nicht existierenden Zinsen zu heischen.

Regierungen wechselten wie Regierungen wechseln, Parteinamen änderten sich, wie Parteinamen sich eben ändern. Aber die „Rockenheimsky"-Politik setzte sich fort, ungeachtet dessen, welcher „Rote Häuptling" im WEIßEN HAUSE saß. „SEIN ALLERHÖCHSTES ZIEL", wie es von seinen händereibenden Verschwörern ehrfurchtsvoll genannt wurde, kam mit jedem vorbeiziehenden Jahr einen Schritt näher.

Die Gefühle, die Wünsche, die finanziellen Bedürfnisse der „wankelmütigen" Massen bedeuteten „IHM" nichts. „ER" sah zu, daß sie bis zum Stehkragen besteuert waren. Sie konnten nicht **mehr** bezahlen. Und so war schließlich die Zeit für „ROCKEYS ZÜGELLOSEN ÜBERFALL" gekommen.

10 Prozent des Geldvorrats war immer noch durch Münzen und Banknoten im Umlauf. Diese Methode von „Austausch" mußte so ausgelöscht werden, daß kein Verdacht aufkommen konnte. Weil die Leute noch Bargeld benutzten, waren nicht **alle** ihre Transaktionen verfolgbar. Sie hatten noch immer die **Freiheit** zu wählen, was sie kaufen oder verkaufen wollten, waren in der Lage, die „Transaktions-Steuern" durch Barzahlung zu umgehen und die Gewinne zu vertuschen. Die Leute hatten noch immer **etwas** Kontrolle über ihr eigenes Leben.

Die Rowdies in Rockenheimskys Diensten hatten ja bereits früher den „Massen" eingebläut, daß es aus Sicherheitsgründen nicht immer vorteilhaft war, Bargeld bei sich zu tragen. Und außerhalb der eigenen Gemeinde waren Schecks nicht ohne Weiteres einzulösen. Also mußte eine bequemere und sicherere Methode gefunden werden.

Rockenheimsky, „DER SCHÖPFER", wie er jetzt von den „EINGEWEIHTEN" genannt wurde, hatte seine Hausarbeit schon in weiser Voraussicht gemacht und war mehr als bereit, noch einmal den Forderungen der „Massen" nachzugeben!

Seine Interessensgemeinschaft gab eine handliche Plastikkarte heraus, die den Namen und die Ausweisnummer der Person zeigte. Die Karten sahen hübsch aus und bald wurde ihr Aussehen durch Hinzufügung eines schillernden, kleinen Hologramms verschönert. Wenn diese Karte irgendwo vorgelegt wurde, honorierte die „Nation der Ladenbesitzer" sie ohne Frage für Einkäufe bis zu einer gewissen Summe.

Die Leute verliebten sich in das Kartensystem über Nacht! Die unschuldigen kleinen Plastikkärtchen waren wie eine Gebetserhörung durch den Himmel. Sie versprachen Sicherheit!

Die Geschäftsdokumente, die bei der Bezahlung durch Karten Verwendung fanden, wurden in Rockeys „ZENTRALCOMPUTER" eingegeben, des Kunden Konto wurde belastet, und die Geschäftsbesitzer fanden auf ihrem Konto am Monatsende das entsprechende Guthaben. Selbstverständlich wurde die **kleine** Summe von 5 Prozent von jeder Transaktion als Belohnung für Rockeys „Dienstleistung" abgezogen. SELBSTVERSTÄNDLICH! Computer kosten Geld!

Um diesen Prozentsatz nicht zu verlieren, erhöhten die Ladenbesitzer ihre Preise dementsprechend, und wenn irgend jemand in der alt herkömmlichen Weise bezahlte, war der zusätzliche Gewinn in ihren Taschen. Wunderbares System, sie stimmten alle überein.

Dem „Durchschnittsbürger" war es erlaubt, eine kleine Summe auf Kredit auszugeben, und wenn gegen Vorlage der Rechnung pünktlich bezahlt wurde, erhob der Computer keine Zinsen. Und nachdem der Kartenhalter über einen gewissen Zeitraum hin seine Kreditwürdigkeit bewiesen hatte, versah der freundliche Computer ihn mit einer **Krediteinschätzung,** als „wohlwollenden Bonus" sozusagen!

Für größere Ankäufe wurde beim ZENTRALCOMPUTER die Kredit-Einschätzung des Kunden **automatisch** überprüft. Dies war für die Lohn- und Gehaltsempfänger sehr annehmbar und machte es ihnen leicht, ihre kleinen und mittleren Käufe zu tätigen. Außerdem waren sie zu verliebt in das System, um überhaupt noch die Preiserhöhungen zu diskutieren! Liebe **macht** eben blind!

Aber welchem Geschäftsmann wurde es ermöglicht, innerhalb dieses neuen Systems zu existieren? Er mußte Maschinen aufstellen, Rohmaterialien kaufen, die Waren herstellen, die Löhne bezahlen, seine Waren verkaufen und konnte **dann** erst das Geld zurückzahlen. Das nahm natürlich Zeit in Anspruch, und wenn er in einem Monat seinen Kreditstichtag überschritt, mußte er 1,5 Prozent Zinsen für jeden Monat, den er das Geld schuldete, an die „ORGANISATION" abführen.

Auf ein Jahr umgerechnet beliefen sich die 1,5 Prozent pro Monat auf 18 Prozent, und die Geschäftsleute hatten keine andere Wahl, als die 18 Prozent oder den entsprechenden Teil davon, auf ihre Verkaufspreise aufzuschlagen. Dadurch wurde der Inflationsofen natürlich mit weiterem Brennstoff gefüttert.

Die 18 Prozent waren selbstverständlich nicht im Umlauf! Sie **gab** es einfach nicht! Im ganzen Land war den Geschäftsleuten die unmögliche Aufgabe gestellt, 118 Rubel für jede geliehenen 100 Rubel zurückzuzahlen. (Geschichte wiederholt sich; sie ist kein Quatsch, wie ein gewisser „Henry Ford" uns gern beibringen möchte.)

Wie vorher **verstanden** die Menschen nicht, was geschah und Rockenheimsky & Handlanger gewannen an Ansehen in der

Gesellschaft im direktem Verhältnis zur Unwissenheit der „Masse". „FUNDAMENTE DER WIRTSCHAFT" wurden sie ehrfürchtig genannt. Ihre öffentlichen Bekanntmachungen über Finanzmethoden, ihre Haushaltspläne und Sozialvorstellungen waren Lebens-Voraussetzungen und ihre „Versprechungen" wurden ihnen mit religiösem Übereifer von den Lippen gerissen. Die „breite Masse" wurde bewußt für dumm verkauft und hohle Phrasen wie „gezieltes Wachstum der Geldwirtschaft" und ähnliche Knüller wurden veröffentlicht, um sie davon zu überzeugen, daß **Kontrolle** in dem ganzen System war. Wie beabsichtigt, trug dieser esoterische Unsinn nur zur allgemeinen Verwirrung bei, so daß niemand auch nur eine einzige Facette dieses Systems in Frage zu stellen wagte.

Durch immer weiter ansteigende Steuern und Beschränkungen belastet, gingen viele mittelständische Betriebe baden. Spezielle Lizenzen und Konzessionen waren nun Vorschrift (durch Regierungsbeschluß, natürlich!) für fast alle Unternehmungen. Die Betriebe, die bis jetzt ihre Tore noch nicht für immer geschlossen hatten, fanden es in zunehmendem Maße schwieriger, mit der verwaltungstechnischen „Gymnastik", die notwendig war, um im Rahmen des Gesetzes zu handeln, Schritt zu halten.

Rockey besaß oder kontrollierte die „GROSSEN KONGLOMERATE" mit ihren hunderten von Tochtergesellschaften. Der Außenwelt aber, wie geplant, **schien** es, als ob diese Firmen im Wettbewerb miteinander ständen. Aber durch seine „Kontrolle" über sie zwang er schließlich alle **echten** Wettbewerber aus dem Markt.

Natürlich blieben einige Geschäfte unberührt. Aber das geschah nur deshalb, damit der **Anschein** des reellen Wettbewerbes gewahrt wurde.

Klempner, Elektriker, Bäcker, Schuster, Uhrmacher, sogar abtrünnige Goldschmiede, traten der Gewerkschaft „Kohlenklau" bei (die „Kohlen" waren ihnen geklaut!). Sie erlitten das gleiche Schicksal wie Jonas: Sie wurden von Rockenheimskys riesigem Vakuum (Walfisch?) aufgesaugt, um im „GIGANTISCHEN BAUCH" des „Regierungs-Schutzes" zu plantschen.

oooOOOooo

Um den Geschehnissen etwas Ästhetik zu verleihen, hatte „ER" nun das Hologramm mit dem wirklichen Bild der Person, für die die Karte ausgestellt war, ersetzt. Und da die Karte nur ein Jahr Gültigkeit hatte, mußte sich jeder einmal im Jahr bei „SEINER" Organisation melden, um ein neues Foto machen zu lassen. Leute **werden** älter! Stimmt!

Darum: kein Foto, keine Karte. Er möchte sie nicht nur kontrollieren, sondern seine Augen auch an den kontrollierten Massen weiden! Richtige MACHT!

oooOOOooo

Das erinnert mich an eine Geschichte. Drei Heringe sitzen auf einer Palme und kämmen sich die Haare.

Sagt der erste Hering: „Ich wollt' ich wär' ein Storch."

„Warum?" fragen die anderen.

„Dann kann ich fliegen."

Der zweite Hering denkt darüber nach.

„Ich wollt' ich wär' zwei Störche", erbot er sich.

„Warum zwei Störche??????" Fragezeichen rundherum.

„Dann kann ich hinter mir herfliegen!"

Großes Grinsen, Gelächter. Der dritte Hering ist tief in Gedanken versunken. Dann:

„Ich wollt' ich wär' drei Störche." Dicker Seufzer.

„Drei Störche? Warum um Gottes Willen willst Du drei Störche sein, Du Dussel?"

„Dann kann ich **sehen** wie ich hinter mir herfliege!"

oooOOOooo

Beobachtend, wie er hinter sich herfolg, veranlaßte Rockey, daß viele Karten gestohlen wurden (da weder Münzen noch Scheine im Umlauf waren, mußte er seine alten Tricks auf Plastikkarten anwenden).

Zum Vorteil aller geschah es somit, daß ein Gesetz bei „SEINER" Regierung erlassen wurde (die Regierung war in „SEINER" Tasche, wie wir wissen), das jeden, der zu „leben" wünschte, dazu zwang, sich seine Ausweisnummer in die Hand tätowieren zu lassen. Verständnisvoll wie er war, wollte Rokkey die Pfoten seiner Herde natürlich nicht verunstalten. Er ordnete deshalb an, daß die Markierungen mit unsichtbarer Tinte aufgetragen werden mußten, damit sie nur unter einer ganz besonderen Lichtquelle in einem Mini-Computer sichtbar wurden. Solche Computer waren überall aufgestellt, in jedem Laden oder Supermarkt, an jeder Tankstelle, in jedem Restaurant, sogar in öffentlichen Toiletten und oben auf den Parkuhren. Wunderbare kleine Maschinen waren das. Wirklich, Lichtjahre vom augenblicklichen Stand der Technik entfernt. Nicht zu vergleichen mit unseren unausgereiften Geschäfts- oder Heimunterhaltungsspielzeugen, die **wir** Computer nennen.

Alle diese kleinen Maschinen, für die es bisher noch keinen Namen gibt, waren an dem riesigen Zentralcomputer in Rokkenheimskys „FESTUNG" angeschlossen. Jede vertrauliche Einzelheit, bis ins Kleinste, über jede Person, tot oder lebendig, war festgehalten. Nicht auf Magnetscheiben. Nein! Denen traute er nicht. Auf **unauslöschbaren** CD-Platten. Natürlich!

Und diese Platten, wie man das mit guten Platten eben macht, wurden wieder und wieder und immer wieder vor seinem Publikum abgespielt und abgespielt, um die Leute laufend an ihre Taten und Untaten zu erinnern. Auf diese Weise verbannte er die Menschen in die Vergangenheit, da keine Zukunfts-Transaktionen gespielt werden konnten. Also kam die Menschheit zu der unfehlbaren Folgerung, daß eine Zukunft nicht existierte. Und so wurde der Mensch zu dem Sklaven, den „ER" sich immer gewünscht hatte.

oooOOOooo

ENDE DES TRAUMES, mein Freund und Student des ROKKENHEIMSKYANISMUS.

„%$@^+*:$$", wiederholte mein Computer auf japanisch. Er erinnert mich noch einmal daran, Dir zu sagen, daß Du auf Seite 7 zugestimmt hast, ihn für seine „vieren Fehrer" zu entschuldigen.

Fehler oder nicht, die ganze Geschichte bleibt **der** Traum aller Träume, die ich je erträumt habe. Ich hoffe, Du verstehst ihn in dem Sinne, wie er geträumt ist.

oooOOOooo

P.S. Ich muß eine Beichte ablegen. Aber bitte erzähle meinem Computer nichts davon. Er würde mich sicherlich elektrisieren.

Mein Traum war durch ein kleines Büchlein angeregt, daß ich vor einiger Zeit gelesen habe. Es heißt: I WANT THE EARTH (PLUS FIVE PERCENT), und ist von meinem australischen Freund Larry Hannigan geschrieben.

Bei der Beschreibung meines Traumes habe ich freizügigen Gebrauch von diesem Heftchen gemacht. Ein oder zwei Mal habe ich sogar eine Phrase wörtlich übernommen.

Ich hoffe nur, mein guter Freund Larry wird mir den etwas leichten Ton meiner Abhandlung vergeben.

Wenn Du gern herausfinden möchtest, ob er mir verzeiht, kannst Du Ihn bei folgender Adresse erreichen: 24, Lucy Street, Milton, 4064, Queensland.

6.

Du fragst Dich bestimmt jetzt, ob solch ein Traum Wahrheit werden kann. Dazu kann ich folgendes sagen: Träume sind bei jedem unterschiedlich. Ein jeder hat seine eigenen Vorstellungen von der Vergangenheit, der Gegenwart und der Zukunft. Nur wenn jemand zustimmt, daß etwas wahr ist, dann ist es wahr. Sonst nicht.

Viele Leute werden nicht zustimmen, daß die Geschichte, die Du gerade gelesen hast, mit einer wirklichen etwas gemeinsam hat. Das sollen sie auch! Sie ist eben nur eine Erfindung meines Vorstellungsvermögens.

Nicht-Erzeuger, die Geld Geld erzeugen lassen, und die deshalb „Kapitalisten" genannt werden könnten, leben nur in der verschrobenen Vorstellung der „Kommunisten"! Leute von Rockeys Kaliber haben in unserer Gesellschaft keine Daseinsberechtigung. Selbst wenn ich persönlich auf die Erfolgreichen, die sagenhaftes Vermögen für sich und ihresgleichen angesammelt haben, eifersüchtig bin, dann stempelt es sie noch lange nicht als schlechte Gesellen ab.

Wenn man einen Wolkenkratzer bauen will, muß man doch erst das Elendsviertel, daß sich auf dem Baugelände befindet, abreißen. Natürlich werden die dort wohnenden Bettler schreien. Aber wen kümmert das?

Die Wolkenkratzerfinanzmänner kümmert das. Selbstverständlich. **Die** schaffen Ordnung! **Die** verschönern die Umgebung. **Die** verschwenden unvorstellbare Summen in Kunstwerken, damit normale Menschen sich daran erfreuen können. **Die** geben den Bettlern wirklich eine Gelegenheit, nicht nur beim Bauen zu helfen, um sich dadurch ihr kärgliches Brot zu verdienen, sondern sich auch im Schatten der Gebäude niederzulassen, wenn das Bauvorhaben beendet ist. Es ist ja eine bewiesene Tatsache, daß zuviel Sonne für die Gesundheit schädlich ist!

Damit sich keine falsche Vorstellung einbürgert, untersuchen wir doch mal, was meine Nachschlagewerke über die Reichen, die Dynastien der unmittelbaren Vergangenheit zu sagen haben:

Encyclopädia Britannica (15. Ausgabe):

Rothschild Familie... berühmteste aller europäischen Bank-Dynastien, übte großen Einfluß für nahezu 200 Jahre auf die Wirtschaft aus und, indirekt, auf die politische Geschichte Europas... Sie gediehen aus den Napoleonischen Kriegen... waren in Politik und internationalen Verbindungen durch ihre Geldgeschäfte mit verschiedenen Regierungen verwickelt... sie waren der Welt mächtigste Bankkaufleute... sie begannen als Luxusartikel-Händler und als Handelsmänner von Münzen und Handelspapieren... wurden Bankkaufleute, für die die Französische Revolution und die Napoleonischen Kriege von 1792 - 1815 wie ein Geschenk des Himmels kamen... die Kriege bedeuteten für die Rothschilds Kredite für die kriegsführenden Prinzen; Schmuggel wie Schlüsselprodukte... und Waffen; und die Vermittlung internationaler Zahlungen... führten ihre internationalen Geschäftsunternehmungen fort, aber wurden mehr und mehr zu Agenten für Regierungswertpapiere... hatten eine bemerkenswerte Fähigkeit, günstige Gelegenheiten zu ergreifen und waren sowohl in Geschäften als auch in der Politik anpassungsfähig... beeinflußten die nationale Wirtschaft und Politik ihrer Länder.

Encyclopädia Britannica (15. Ausgabe):

Rockefeller, John D(avison)... U.S.A. Industrieller und Philantrop, Gründer der Standard Oil Company, die die Ölindustrie beherrschte und die erste große Treuhandgesellschaft der Vereinigten Staaten war... Mit dem Erwerb der ölproduzierenden Felder in den Jahren um 1880 hatte Standard nahezu eine

Monopolstellung erreicht und weitreichende Feindseligkeit erzeugt. Er entwich 1892 einem Beschluß des Obersten Gerichtes in Ohio gegen die Standard Oil Treuhandgesellschaft, indem er seine Kontrolle über seine Ölfelder einer Holding-Gesellschaft übertrug – Standard Oil, New Jersey, die bis 1911 existierte und dann ebenfalls vom Obersten Gerichtshof der Vereinigten Staaten als illegal erklärt wurde.

Eine große Stiftung von Rockefeller ermöglichte 1892 die Gründung der Universität von Chicago und nach 1897 widmete er sich ganz der Philanthropie... gründete bedeutende philanthropische Institutionen... Seine Stiftungen beliefen sich auf mehr als $530.000.000 (fünfhundertunddreißig Millionen Dollar).

Encyclopädia Britannica (15. Ausgabe):

Morgan, J(ohn) P(ierpont)... U.S.A. Finanzier und industrieller Organisator, einer der hauptsächlichen Finanzfiguren der Welt während der zwei Jahrzehnte vor dem ersten Weltkrieg... wurde 1871 Teilhaber der New Yorker Firma Drexel, Morgan und Company, welche bald die vorherrschende Finanzquelle der Regierung der Vereinigten Staaten wurde... die Firma wurde eines der mächtigsten Bankhäuser der Welt... Durch Gewinn der Kontrolle über die Aktien der Eisenbahnen, die er beeinflußte, wurde er um 1900 einer der mächtigsten Eisenbahnmagnaten der Welt. 1895 gründete Morgan ein Syndikat, um die erschöpften Goldreserven der Regierung wieder aufzufrischen und half, eine Staatshaushaltskrise zu vermeiden... Morgan spielte eine Schlüsselrolle in der Finanzkrise von 1907, indem er sein Bankhaus und angeschlossene Banken dazu benutzte, große Regierungseinlagen einzuverleiben und beeinflußte dadurch die Entscheidungen, wie das Geld für finanzielle Unterstützung anzuwenden war... auch ein berühmter Kunstsammler, er schenkte viele Kunstwerke dem Metropolitan Museum of Art in New York. Sein Sohn, John Pierpont Morgan Jr... half den Alliierten bei der Finanzierung der Vorräte und bei der Beschaffung von Krediten während des ersten Weltkrieges und besorgte nach dem Krieg $ 1.700.000.000 (eine Milliarde und siebenhundert Millionen) in Krediten für Europas Wiederaufbau.

Encyclopädia Britannica (15. Ausgabe):

Warburg, eine Familie, deren Mitglieder sich durch Bankgeschäft, Philanthropie und Wissenschaftlichkeit hervorgetan haben... Max M. Warburg (1867 - 1946), finanzieller Berater der deutschen Delegation auf der Friedenskonferenz im Jahre 1919 in Paris... Paul Moritz Warburg (1868 - 1932), Mitglied der U.S. Bank, Kuhn, Loeb und Co. und im Vorstand der Federal Reserve Bank... Felix Moritz Warburg (1871 - 1937)... war ein Unterstützer der Erwachsenenausbildung... und aktiv in anderen menschenfreundlichen Organisationen... James Paul Warburg (1896 - 1969), Sohn des Paul M., war ein Bankier und Wirtschaftsexperte... Mitglied von Präsident Franklin D. Roosevelts ursprünglicher Beratergruppe („brain trust").

Encyclopädia Britannica (15. Ausgabe):

Oppenheimer, Sir Ernest... Industrieller und einer der erfolgreichsten Männer des Bergbaus in Südafrika und Rhodesien... 1917, mit beträchtlicher Unterstützung von J. P. Morgan, gründete er die Anglo American Corporation Süd-Afrika Ltd., um das Witwatersrand Goldfeld auszubeuten... er gewann die Kontrolle über die De Beers Consolidated Mines, die einst den Diamantenweltmarkt beherrschten... war ein Mitglied des Parlamentes der Union von Südafrika... ein Philanthrop und eine hervorragende Persönlichkeit im Leben von Südafrika... war einer der reichsten Männer der Welt... wurde 1921 geadelt.

Es gibt Systeme, Institute und Gesellschaften, die es zum Ziel haben, Zustände für die Menschheit zu verbessern. Es ist deren

Hilfe, deren Streben zu verdanken, daß wir so leben können, wie wir leben. Ihre Gesetze und Regeln, selbst ihre Ideen sind notwendig, um uns in unserem täglichen Leben zu leiten.

Meine Nachschlagewerke enthüllen folgendes:

Encyclopädia Britannica (15. Ausgabe):

Federal Reserve System, Zentralbankwesen der Vereinigten Staaten. Es fungiert als fiskalisch wirkende Kraft für die Regierung der Vereinigten Staaten, ist Treuhänder der Mindestreserve der Handelsbanken und ist ermächtigt, Banknoten herauszugeben, die die gesamte Papiergeldwährung des Landes darstellen... Eine Federal Reserve Bank ist eine im Privatbesitz befindliche Aktiengesellschaft, gemäß dem Federal Reserve Akt eingerichtet, um den öffentlichen Interessen zu dienen;... Das Federal Reserve System war auch von Zeit zu Zeit ermächtigt, über die Bedingungen, zu denen Kredite an Verbraucher zum Erwerb von wichtigen, dauerhaften Konsumgütern gewährt wurden... Kontrolle auszuüben...

Encyclopädia Britannica (15. Ausgabe):

Internationale Bank für Wiederaufbau und Entwicklung, allgemein als WELTBANK bekannt, eine der den Vereinigten Nationen angeschlossene Organisation und darauf ausgerichtet, produktive Projekte zu finanzieren, die die Entwicklung der Mitgliedstaaten fördern... Zuzüglich zur finanziellen Unterstützung stellt die Bank technischen Beistand bereit. Im Jahre 1955 wurde ein Schulungszentrum für Regierungsbeamte, das Wirtschaftsentwicklungs-Institut, etabliert.

Die Bank wird durch ein Direktorengremium, einen Präsidenten, Geschäftsleiter und Angestellte verwaltet. Das Gremium der Direktoren, zusammengesetzt aus einem von jedem Mitgliedsland ernannten Direktor, versammelt sich einmal im

Jahr; Richtlinien-Angelegenheiten werden von den 20 Geschäftsleitern durchgeführt, die alle Kredite genehmigen.

Encyclopädia Britannica (15. Ausgabe):

Fabianische Gesellschaft, Sozialistische Gesellschaft, 1883 - 1884 in London gegründet, hat den Aufbau eines demokratisch-sozialistischen Staates in Großbritannien zum Ziel. Die Fabiane glaubten mehr an einen Entwicklungssozialismus als an eine Revolution... Die Fabiane versuchten zuerst, die liberalen und konservativen Parteien mit ihren sozialistischen Ideen zu durchsetzen, aber später halfen sie, das separate „Labour Representation Committee" zu organisieren... Die hauptsächlichen Aktivitäten der Gesellschaft bestehen in der Förderung ihres Zieles, des Sozialismus, durch Erziehung der Öffentlichkeit nach sozialistischen Richtlinien mit Hilfe von Versammlungen, Vorträgen... Während ihrer Anfangsperiode widmete die Gesellschaft ihre Aufmerksamkeit allgemeinen Argumenten gegen den Kapitalismus und für den Sozialismus. Sie betonte auch die Wichtigkeit, die örtliche Regierung als ein Mittel dafür zu benutzen, den Kollektivbesitz zu fördern. Der Horizont erweiterte sich allmählich, und die Fabiane interessierten sich genauso für die Sozialdienste wie für die Verstaatlichung der Industrie... aber ein Großteil der Einwirkung des Fabianismus wurde durch die allmähliche Ausbreitung der Fabianischen Ideen unter Lehrern, öffentlichen Angestellten, Politikern, Gewerkschaftsangehörigen und anderen in einflußreichen Positionen erreicht.

Verfassung der Vereinigten Staaten von Amerika, Artikel 1:

Der Kongress ist dazu ermächtigt, Geld zu drucken und dessen Wert zu regulieren.

Encyclopädia Britannica (14. Ausgabe):

„Banken erzeugen Kredite. Es ist ein Fehler anzunehmen, daß Bankkredit in irgendeinem Maße durch die Geldeinzahlungen in eine Bank erzeugt wird. Eine Anleihe, die von einer Bank gemacht wird, ist eine klare Hinzufügung zu der Geldsumme in der Gemeinde."

Zeitungen sind dafür bekannt, aus einer Mücke einen Elefanten zu machen. Wir wollen ihnen das nicht vorhalten. Hier sind einige ihrer Auswüchse:

THE NEWS, Lychburg, VA. 26. März 1977:

Im Jahre 1901 betrug die Staatsverschuldung der Vereinigten Staaten weniger als 1 Milliarde Dollar. Sie blieb weniger als 1 Milliarde, bis wir in den 1. Weltkrieg hineinkamen. Dann sprang sie auf 25 Milliarden.

Zwischen 1918 und 1941 (Vorabend des 2. Weltkrieges) verdoppelte sich beinahe die Staatsverschuldung – von 25 auf 49 Milliarden.

Zwischen 1942 und 1952 stieg die Schuld von 72 Milliarden auf 265 Milliarden an. 1962 waren es 303 Milliarden. Acht Jahre später, 1970, waren es 383 Milliarden.

Zwischen 1971 und 1976 stieg sie von 409 Milliarden auf 631 Milliarden an. Die geschätzte Schuld Ende dieses Jahres beträgt 727 Milliarden und es wird erwartet, daß sie im nächsten Jahr die Höhe von 800 Milliarden überschreitet — was nahezu einer Verdoppelung in den letzten acht Jahren entspricht.

Wenn der gegenwärtige Trend anhält, und es gibt überhaupt keine Anzeichen, daß er es nicht tun wird, können wir erwarten, daß die Staatsverschuldung sich in den nächsten sechs bis acht Jahren wieder nahezu verdoppeln wird. Bis dahin sollten sich allein die **Schuldzinsen** dieser Schuld auf eine Größenordnung von 400 Milliarden Dollar im Jahr belaufen. Schließlich wird die Regierung nichts besitzen, den Leuten wird nichts gehören, und die Banken werden alles besitzen.

P. S. Wie am 30. Juni 1988 von der Regierung der Vereinigten Staaten veröffentlicht wurde, hat die Höhe der Staatsverschuldung die Summe von 2.5 Billionen Dollar überschritten. Dies, in Zahlen ausgedrückt, sind 2.555.100.000.000 US Dollar oder mehr als **dreimal** so hoch, wie die erwarteten Zahlen von 1977. (Red.)

U.S.A. Banker's Magazine, 25. August 1924:

„Kapital muß sich selber in jeder möglichen Weise durch Zusammenarbeit und Gesetzgebung schützen. Schulden müssen eingezogen werden, Obligationen und Pfandbriefe müssen so schnell wie möglich verfallen. Wenn mit Hilfe des Gesetzes die gewöhnlichen Leute ihre Häuser verloren haben, werden sie fügsamer werden und leichter durch den Einfluß des starken Armes der Regierung, der durch die Hauptmacht des Reichtums unter Kontrolle der führenden Bankiers steht, beherrscht werden.

Diese Wahrheit ist unseren Hauptfiguren, die damit beschäftigt sind, ein Imperium des Kapitals zu errichten, um die Welt zu regieren, bestens bekannt.

Dadurch, daß wir die Wähler durch das Parteiensystem trennen, können wir sie dazu bringen, ihre Kräfte zu vergeuden, indem sie über unwichtige Fragen streiten. So können wir durch verschwiegene Aktionen für uns sichern, was so gut geplant und so erfolgreich ausgeführt wurde."

Einige der mehr prominenten Bürger hatten dies zu sagen:

Präsident Woodrow Wilson:

„Eine große Industrienation wird durch ihr Kreditsystem in Schach gehalten. Unser Kreditsystem ist zentralisiert. Das

Wachstum der Nation und alle unsere Aktivitäten sind in den Händen von einigen wenigen Männern. Wir sind zu einer der am schlechtesten regierten, einer der am vollständigsten kontrollierten und beherrschten Regierung der Welt geworden; nicht länger eine Regierung der freien Meinung, nicht länger eine Regierung durch Überzeugung und durch Mehrheitsbeschluß, sondern eine Regierung durch die Meinung und den Zwang einer kleinen Gruppe dominierender Männer."

(Es wird von Wilson berichtet, daß er kurz vor seinem Tode Freunden dargelegt hat, er sei „getäuscht" worden und „Ich habe mein Land betrogen." Er bezog sich auf den Federal Reserve Akt, der während seiner Amtszeit eingeführt wurde.)

Präsident James A. Garfield:

„Wer die Kontrolle über das Geldvolumen in einem Land hat, ist der absolute Herrscher über Industrie und Wirtschaft."

Thomas A. Edison:

Leute, die nicht eine Schaufel voll mit Dreck an dem Projekt (Muscle Shoals Damm) umdrehen, noch ein Pfund des Materiales beisteuern, werden mehr Geld von den Vereinigten Staaten einsammeln als die Leute, die die Materialien liefern und all die Arbeit verrichten. Dies ist das Schreckliche an Zinsen... Aber hier ist der Punkt: Wenn die Nation eine Dollarobligation herausgeben kann, dann kann sie auch einen Dollarschein herausgeben. Der Umstand, der die Obligation gut heißt, heißt auch die Note gut. Der Unterschied zwischen der Schuldverschreibung und der Note ist dieser, daß die Obligation es dem Geldmakler ermöglicht, zweimal soviel wie die Obligation zu kassieren und noch zusätzlich 20%. Wobei die umlaufende Währung, die ehrliche Sorte, wie durch die Verfassung festgesetzt, niemand bezahlt, außer diejenigen, die in irgendeiner nützlichen Weise beitragen. Es ist absurd zu sagen, daß unser Land Pfandbriefe herausgeben kann, aber es keine Währung herausgeben kann. Beides sind Zahlungsversprechen, aber eines macht den Wucherer dicker und das andere hilft der Bevölkerung. Wenn die Währung, die von dem Volk herausgegeben wird, nicht gut wäre, dann würden die Schuldscheine auch nicht gut sein. Es ist eine schreckliche Situation, wenn die Regierung, um den nationalen Wohlstand zu sichern, Schulden machen muß und sich den ruinösen Schuldzinsgebühren zu unterwerfen hat, die von den Männern erhoben werden, die die Kontrolle über den fiktiven Goldwert haben. Zins ist die Erfindung des Teufels."

Sir Josiah Stamp (Präsident der Bank von England in den 20-iger Jahren, der zweitreichste Mann in Großbritannien):

„Das Bankwesen wurde im Hause der Sittenlosigkeit gezeugt und in Sünde geboren. Die Bankiers besitzen die Erde. Nehmt sie ihnen weg, aber laßt ihnen die Macht, Guthaben zu erzeugen, und sie werden mit einem Federstrich wieder genügend Guthaben ansammeln, um sie zurückzukaufen. Nehmt ihnen diese Macht, und all die großen Vermögen, wie meines, werden verschwinden; und sie müßten verschwinden, denn es würde eine glücklichere und bessere Welt sein, in der man leben könnte. Aber wenn Ihr die Sklaven der Bankiers bleiben und für die Kosten eurer eigenen Sklaverei bezahlen wollt, laßt sie fortfahren, Guthaben zu erzeugen."

Lord Acton, Oberster Richter von England, 1875:

„Der Kampf, der sich durch die Jahrhunderte hingezogen hat und früher oder später ausgefochten werden muß, ist: Volk gegen Banken."

Reginald McKenna, als er Präsident der Midland Bank in London war:

„Ich befürchte, der gewöhnliche Bürger läßt es sich nicht gern sagen, daß die Banken Geld erzeugen und vernichten können und es auch tun. Und sie, die die Kredite der Nation kontrollieren, bestimmen die Richtlinien der Regierungen und halten in der hohlen Hand das Schicksal der Menschen."

Philipp A. Benson, Präsident des amerikanischen Bankierverbandes, 8. Juni 1939:

„Es gibt keinen direkteren Weg, um die Kontrolle über eine Nation zu erobern, als den über ihr Kredit (Geld)-System."

Ralph M. Hawtrey, ehemaliger Sekretär des englischen Finanzministeriums:

„Banken leihen aus durch Erzeugung von Krediten. Sie erzeugen die Mittel der Zahlung aus dem Nichts heraus."

Congressman Louis T. McFadden:

„Die Federal Reserve (Banken) sind eine der moralisch verdorbensten Einrichtungen, die die Welt jemals gesehen hat. Es gibt nicht einen Mann im Hörbereich meiner Stimme, der nicht weiß, daß diese Nation von internationalen Bankiers geführt wird."

Robert H. Hemphill, Kredit Manager der Federal Reserve Bank, Atlanta, GA:

„Dies ist ein schwindelerregender Gedanke. Wir sind vollständig von den Handelsbanken abhängig. Jemand muß jeden Dollar, den wir im Umlauf haben, ob Bargeld oder Kredit, leihen. Wenn die Banken genügend künstliches Geld erzeugen, dann sind wir wohlhabend, wenn nicht, dann hungern wir. Wir sind vollkommen ohne ein dauerhaftes Geldsystem. Wenn man das Bild in seiner Gesamtheit sieht, ist die tragische Sinnwidrigkeit unserer hoffnungslosen Lage fast unglaublich, aber es ist so. Es ist die allerwichtigste Angelegenheit, die intelligente Personen untersuchen und über die sie nachdenken sollten. Sie ist so bedeutend, daß unsere gegenwärtige Zivilisation deswegen zusammenbrechen kann, es sei denn, die Sachlage wird weitgehend verstanden und die Mängel sehr bald behoben."

oooOOOooo

GENUG GESAGT? Nein, noch nicht ganz. Ich bin sicher, Du möchtest Dich weiterbilden. Ich schlage deshalb vor, Du liest selbst über die Aktivitäten der englischen Goldschmiede im 16. und 17. Jahrhundert nach.

Um Deinen Appetit anzuregen, erwähne ich nur als Beispiel, daß die Bank von England im Jahre 1694 gegründet wurde. BILLY DIE ORANGE (William III. von Groß Britannien und Prinz von Oranje) war als Ergebnis des Krieges mit Frankreich in großen finanziellen Schwierigkeiten. Also **liehen** ihm die GOLDSCHMIEDE 1,2 Millionen Pfund (eine Menge Geld damals).

Die Bedingungen waren wie folgt:

a) Die Zinsrate wurde auf 8 Prozent festgelegt. (Erinnerst Du Dich noch daran, daß in der MAGNA CARTA geschrieben stand, daß das Fordern oder Einkassieren von Zinsen mit dem Tode zu bestrafen war?).

b) Der König mußte den Goldschmieden eine Verleihungsurkunde für eine Bank ausstellen, welche **ihnen** das Recht gab, Kredite zu gewähren. (Vorher war es illegal, Schuldscheine für mehr Geld als bei ihnen deponiert war, herauszugeben).

Die Urkunde forderte, die Herausgabe von Kredit rechtmäßig zu machen und im Jahre 1694 erhielt William Paterson das Privileg zur Gründung der Bank von England.

oooOOOooo

So, mein Freund, jetzt bin ich am Ende meines Alptraumes angelangt. Mein kleiner Computer richtet beste Grüße aus und bittet Dich, diese an den Zentralcomputer weiterzuleiten.

Viel Spaß in der „Gegen-Wart". Genieße sie, solange Du es noch kannst, denn dieses Zeitalter der Technik könnte wirklich jemanden hervorzaubern, der meinen Traum wörtlich nimmt. Dieser Maschinenmensch wäre vielleicht in der Lage, meinen Traum in die Tat umzusetzen. Wenn das passierte, ständen wir blöde da. Was würde geschehen, wenn der ein neues Bankmodell entstehen ließe und dies zum Beispiel „Fractional Reserve Banking" nennt?

Erlaube mir, ihn vor meinem geistigen Auge entstehen zu lassen, damit ich seinem Gedankengang folgen kann... ah... jetzt sehe ich ihn... höre seine Geistesmühlen mahlen... rieche seinen Angstschweiß... jawohl, so würde er sein System zuschneiden, um sein Ziel zu erreichen:

„Fractional Reserve Banking" würde es den Notenbanken ermöglichen, den Großbanken (Deren Eigentümer und Lenker vielleicht die Gleichen sein könnten, wie die der Notenbanken!) Geld auszuleihen bis zu der Höhe von 20 Währungseinheiten für jede Währungseinheit, die sie „EINLAGEN" haben.

Für den nicht Eingeweihten bedeutet das überhaupt nichts. Aber Du, der Du gewissenhaft meinem Traum gefolgt bist, hast jetzt das „Wissen". Das 9:1 Verhältnis, mit dem wir uns vorher auseinandergesetzt hatten, könnte nun laut Gesetz auf ein Verhältnis von 20:1 erhöht werden; ein relativ sicheres Verhältnis in dieser fast bargeldlosen Gesellschaft.

Wie sähe das in der Praxis aus?

Nehmen wir ein Beispiel. Dein Freund Pjotr (Russisch für Peter) hat in einem Pokerspiel Geld gewonnen. Er wird übermütig, kauft für sich selbst ein paar Flaschen Wodka und feiert mit einer „Blondie". Den nächsten Tag kauft er ihr Kinkerlitzchen, um sein schlechtes Betragen von der Nacht zuvor wieder gut zu machen. Am Abend führt er sie zu einem förmlichen Essen aus. Sie zanken sich, und in **der** Nacht mußte der Lüstling allein schlafen. Also ertränkte er seinen Kummer mit dem Rest des Wodkas.

Als er aufwacht, nüchtern und wieder halbwegs beieinander, zählt er, was von seinem Glück übriggeblieben ist. Er hat noch 1.000 Rubel, eine Summe, die er jetzt nicht unbedingt braucht, weil Blondie an ihm nicht länger Gefallen hat. Darum bringt er sein Geld zur „Bank für P.ersönliche F.inanzielle U.nterstützung durch R.aschen Z.insverdienst", oder kurz „P.F.U.R.Z." genannt. Die zahlen **ihm** für den Sparkontenbetrag Zinsen, selbstverständlich. 8% im ganzen für's Jahr! Nach einer weitschweifigen Diskussion mit dem Depositenabteilungsleiter vergißt er sein Pokerspiel und seinen Seitensprung und freut sich nun darüber, Geld zu machen, ohne dafür arbeiten zu müssen!

Der „Fractional Reserve Banking Act" würde gesetzlich vorschreiben, daß die „P.F.U.R.Z."-Bank 5% des deponierten Geldes zurückhält. Das Gesetz würde erlauben, daß **nur** 95% des deponierten Geldes wieder ausgeliehen werden darf! Sicherheit ist ganz, ganz wichtig! 5 Prozent **müssen** zurückgehalten werden!

Da der Winter nicht mehr fern ist, möchtest **Du,** Verschwender der Du bist, Dir einen brandneuen Zarewitsch 7 Zylinder, turbogeladenen Superschlitten kaufen. Keine Rentiere, nur einfach durch Motor angetrieben. Also leiht die „P.F.U.R.Z."-Bank Dir 950 Rubel aus Pjotrs 1.000 Rubel-Einlage, denn sie behält ja 5 Prozent zurück, wie das Gesetz es befahl. Sie berechnen Dir nur 14 Prozent Zinsen pro Jahr, wirklich kleine Fische, für all die Arbeit und Verwaltungskosten. Glücklich stimmst Du den Bedingungen zu und kaufst Deinen Schlitten von Lehar, dem Zarewitsch-Händler.

Lehar nimmt Dein Geld und zahlt es auf sein Kontokorrentkonto bei **seiner** Bank, der „R.egierungs Ü.beltäter und L.eih-P.rofit S.chacherer Bank" oder kurz R.Ü.L.P.S. genannt, ein.

R.Ü.L.P.S. hat nun 950 Rubel als Einlage, was **ihnen** ermöglicht, Ivan 902,50 Rubel für seinen neuen Schweinestall zu leihen, für 14% Zinsen pro Jahr, natürlich!

Ivan bezahlt dem Erbauer des Schweinestalls die 902,50 Rubel, eine Summe, die dieser wiederum voll in sein laufendes Konto bei dem „Sch.weinestall E.ffekten I.nstitut für S.icheres S.aldieren (Abkürzung: SCH.E.I.S.S.) einzahlt.

SCH.E.I.S.S. leiht 857,37 Rubel aus (auch sie müssen 5 Prozent im „Bestand" behalten), welches ausgegeben und wieder in eine andere Bank eingezahlt wird, die 95 Prozent davon verleiht, was wieder eingezahlt wird, ausgegeben wird, wieder eingezahlt... Na, mittlerweile wirst Du bestimmt Deinen Taschenrechner zur Hand genommen haben und meinen Rechenkünsten gefolgt sein. Du wirst bestimmt auch auf einem Verhältnis von 20:1 Ausleihen/Einlagen angelangt sein. Hört sich an wie ein Pfänderspiel. Der Letzte steht nackt da.

Aber aus reinem Interesse laß uns auch die andere Seite der Medaille betrachten. Pjotr bekommt auf seine 1.000 Rubel Spareinlage 8% pro Jahr oder 80 Rubel. Das sind die **Kosten** für die Bank. Aber was **verdienen** die Banken, da diese für laufende Konten kaum Zins bezahlen?

Ich hoffe, Du sitzt fest auf Deinem Stuhl. **Sie** erhalten 14 Prozent auf mindestens 20.000 Rubel. Das ergibt eine Summe von 2.800 Rubel, abzüglich 80 Rubel für die Kosten der Zinsen an Pjotr. Das Gesamteinkommen der Banken ist somit 2.720 Rubel oder 272 (zweihundertundzweiundsiebzig) Prozent von den 1.000 Rubel, die Pjotr einbezahlte. (Wenn die anderen Einzahlungen auch Spareinlagen wären, würden diese ebenfalls 8 Prozent Zinsen kosten. Wenn das Geld dann zu 14 Prozent ausgeliehen wird, macht die Bank nur einen kleinen „Überschuß" von 6 Prozent.)

Welch ein Gesetz, das „Fractional Reserve Banking Law", nicht wahr? Aber das kann es ja gar nicht geben, weil der Erfinder eben nur in meiner Vorstellung haust.

oooOOOooo

Hier unterbricht mich mein Computer. Er ist sehr besorgt, da er bisher nicht gelernt hat, den Unterschied zwischen Vorstellung und Wirklichkeit festzustellen. Er bittet mich, Dir das Wort „INFLATION" zu erklären. Mit all dem (in meiner Vorstellung) nicht existierenden Geld im künstlichen Umlauf solltest Du wissen, was mit der Wirtschaft geschieht.

Inflation ist einfach zuviel Geld für zu wenig Waren. Wenn die im Umlauf befindliche Summe des Geldes oder Kredites den Wert der Dinge, die es zu kaufen gibt, übersteigt, dann hast Du Inflation.

Regierungen, in ihrer wohlwollenden Einstellung zu ihrem Volke, würden bestimmt den Versuch machen, die Summe der herausgegebenen Währung zu begrenzen, um der Inflation entgegenzuwirken. Zur gleichen Zeit könnten jedoch vielleicht Gesetze in Kraft treten, die nicht nur die Bemühungen der armen Regierung, gegen den übermäßigen Geldfluß anzukämpfen, behindern, sondern die in der Tat Inflation anfachen könnten. Und da die Gesetzbosse mit den Finanzbossen nicht auf gutem Fuße stehen, ist eine Aussöhnung kaum möglich. Deshalb werden dann die Zinssätze erhöht, um den Verbraucher zu hindern, Geld auszugeben, was nicht da ist! Ein wirklich klassisches Beispiel, das Pferd vom Schwanz aufzuzäumen. Das trojanische Rössl kann von diesen Ackergäulen bestimmt noch was lernen! Nun ja, Vorstellung hat auch seine Schattenseiten.

oooOOOooo

Nun ist mein Computer zufrieden. Sein Bildschirm zwinkert mich grün an. Das bestätigt mir, daß ich den Begriff der Inflation gut erklärt habe. Aber er fragt mich, ob er seinen

Geschäftsscharfsinn noch etwas zur Geltung bringen darf. Also drücke ich „J".

Kreditkarten, sagt er. Ich muß schnell meine Vorstellung befragen... also gut: Kreditkarten.

Laßt uns die gesamte Bevölkerung der Vereinigten Staaten von Amerika, Westeuropa und Japan auf ungefähr 800 Millionen Menschen schätzen. Da kaum Statistiken zur Verfügung stehen, nehmen wir an, daß jede vierte Person eine Kreditkarte hat. Das ergibt 200 Millionen Kreditkarten, in meiner Vorstellung natürlich.

Jetzt wirst Du mir vorhalten, daß Babys noch nicht mit einer silbernen Kreditkarte im Mund geboren werden. Richtig! Kreditkarten würden den silbernen Löffel nicht ersetzen! Aber sieh Dir den durchschnittlichen Geschäftsmann an. Er hat nicht nur **eine** Kreditkarte. Er hat viele.

Aus einem Land gibt es jedoch eine Statistik. Sie kommt aus dem wohlorganisierten Japan, wo sie nun die „SMART CARD" haben, die die Computer Technologie bereits **in der Karte** eingebettet hat!

Die Statistik besagt, daß heute in Japan über 110 Millionen Kreditkarten unter der Gesamtbevölkerung von 120 Millionen verteilt sind! 110:120! 1:1,09! Interessantes Verhältnis, was? Nun wirst Du bestimmt mit der **vorsichtigen** Schätzung meines Computers von insgesamt 200 Millionen Karten im ganzen übereinstimmen, denn wir wollen ja nicht zu weit von der Wirklichkeit entfernt spekulieren.

Was würde nun passieren, wenn dieser „Mensch" schalten und walten könnte, wie er wollte?

200 Millionen Kartenbesitzer würden ihre Karten für Transaktionen von insgesamt 100 Rubel pro Monat benutzen. Nicht viel, oder? Aber pro Monat würden 20 Milliarden Rubel, zusätzlich zu der offiziellen Summe des sich im Umlauf befindlichen Geldes, allein im Kreditkartenspiel ausgegeben.

Die Geldversorgung würde um diese Summe erhöht. Nichts über das man sich aufzuregen braucht, sagst Du. Kleine Fische. Was sind schon 20 Milliarden unter Freunden?

Aber WARTE! Folge meiner Vorstellung bis zum bitteren Ende!

Indem ein Kredit von 20 Milliarden Rubel zusätzlich in Umlauf gebracht würde, strichen die Kreditkarten-Gesellschaften 5 Prozent für jede Transaktion ein, oder in Zahlen ausgedrückt wären das 1 Milliarde pro Monat. Mein Taschenrechner zeigt mir, daß dies im Jahr 12 Milliarden ausmacht. Dieses kleine Plastikding könnte an der Wirtschaft alle 20 Monate 100 Prozent auf den gewährten Kredit verdienen! Über 5 Jahre gesehen sind das 300 Prozent! Und dies ist **zusätzlich** zu den Zinsen, die unbekümmert berechnet werden, wenn das Konto nicht termingerecht ausgeglichen wird. Außerdem gäbe es dann bestimmt noch diese lächerlich kleine „Verwaltungskostengebühr" von 20 Rubel, die stillschweigend einmal im Jahr ihren Weg in Dein Konto findet.

Die allein betrüge schon 4 Milliarden pro Jahr.

Ich kann fühlen, daß Du jetzt böse mit mir wirst. Die armen kleinen Mädchen, die diese Konten verwalten, sagst Du. Natürlich haben sie auch ein Anrecht, ihren Lebensunterhalt zu verdienen. Aber natürlich! Und die wunderschönen, großen Gebäude, die die eleganten Computer-Maschinen beherbergen. Sie kosten auch Geld! Und was passiert mit den Wunderknaben, die die Programme schreiben, um die Maschinen zum Leben zu erwecken? Die sind besonders hoch bezahlt. Eine völlig neue Generation von „Eierköpfen". Teuer, um kein Schimpfwort zu gebrauchen.

Zugegeben, etwas von dem Geld, das die armen Banken durch die „Plastik-Möglichkeit" verdienen, wird von dem riesigen „Wasserkopf" verschlungen. Klar wie Kloßbrühe. Aber was würden diese „Verwalter" produzieren? Wo wäre das **Produkt,** das **sie** in die Wirtschaft steckten? Datenverarbeitung? Nicht existierendes Geld hin- und hergeschoben?

Laß uns zu ihrer Entschuldigung sagen, daß sie schwer arbeiten, wirklich schwer, und mit Hingabe. Würden sie jedoch mehr Autos, mehr Uhren, mehr Spinat erzeugen? Würde die Forstwirtschaft dadurch besser unterstützt? Ja, auf die Forstwirtschaft wirkte sich das bestimmt positiv aus, weil der Papierverbrauch durch ihre verwaltungstechnischen Überspanntheiten unglaublich sein würde.

Du siehst nun, was ein solcher Schurke wirklich erreichen könnte, wenn er sich auf seine Aufgabe konzentrierte. Gott sei Dank ist er nur ein Hirngespinst. Er hat nichts Wirkliches an sich. Sinnlose Spekulation meinerseits!

Aber etwas tut sich, da bin ich sicher. Hast Du Dir mal die jüngsten Bauvorhaben auf diesem Planeten angesehen? Bist Du vielleicht selbst im Baugewerbe tätig? Dann wirst Du Dich bestimmt an die alten Zeiten erinnern, wo Fabriken gebaut wurden, die Waren herstellten. Der Boden wurde bebaut, um Getreide anzupflanzen. Jede Fabrik hatte ein kleines Verwaltungsbüro, jeder Bauer hatte einen Raum in seinem Haus, in dem er die Schreibarbeiten verrichtete.

Heutzutage schießen die riesigen Verwaltungsgebäude der „Dachgesellschaften", der „Lebensversicherungsgiganten", der „Finanzfabrikanten", die „Palaverpaläste", wo die Gewerkschaften in Schach gehalten werden, in jeder Stadt der Welt aus dem Boden im direkten Verhältnis zu der Verschuldung der produzierenden Fabriken. **Dies** war vor ein paar Jahrzehnten nicht nötig, warum jetzt? Wie kommt es, daß die Gezeiten sich so plötzlich gewendet haben? Hast Du eine Antwort auf diese Frage? Nein? Dann unterhalte Dich doch einmal mit Deinem freundlichen Bankier. Er ist bestimmt in der Lage, Dir auf Grund seiner Kenntnisse die Sachlage so zu erklären, daß sich alle Deine Besorgnisse in ein Nichts auflösen.

Ja, es schmerzt, sich das Bild, wie es sich in meiner Vorstellung darstellt, anzuschauen. Man muß die armen Rückenmuskeln anspannen, um den Kopf aus dem Sand zu ziehen. Man wird vom Genuß von „Dynasty" und „Dallas" und „Dirty Harry" abgelenkt. Was für eine übermäßige Anstrengung! Untragbar! Man braucht doch seine Ruhe, verdammt noch mal!

Es bringt auch die Phantasie zum Schweigen, so daß man nicht länger vorausbestimmen will oder muß, was mit diesem Planeten geschehen wird, wenn sich das Rockey-System einschleichen würde, um schließlich jede Himmelsrichtung zu erobern. Die Zeit könnte wirklich kommen, wo der südamerikanische Eingeborene sein „Curare"-Gift für seine Pfeilspitzen in seiner örtlichen Drogerie mit einer Plastikkarte kauft, um seinen Feind „auf Kredit" in die Katakombe der Wesensstarrheit zu befördern! Aber auch das kann „hinweg"-erklärt werden.

Trotzdem ist es ein interessanter Gedanke, nicht wahr? Ja, gewiß!

oooOOOooo

So, jetzt möchte ich einmal eine mögliche Zukunft aufzeichnen, eine Zukunft, in der Du – ja DU! – etwas tun kannst, um die Geschehnisse positiv zu beeinflussen, sollte sich mein Traum als Wahrheit herausstellen. Deshalb solltest Du wissen, wie Bankwirtschaft **wirklich** funktioniert, damit Du sofort feststellen kannst, wenn jemand mit dem System Raubbau betreibt. Also laß mich schnell eine Erklärung abgeben:

Du bringst alle Deine Möbel zu Deiner Bank, und sie stellen Deinen Besitz in ihr Lager. Sie händigen Dir eine Quittung für Deine Möbel aus.

Du möchtest Dir jetzt einen Wagen kaufen und, als Zahlung, übergibst Du die Bescheinigung, die die Bank Dir für die Möbel gegeben hat. Die Autofirma kann jetzt zur Bank gehen und bekommt die Möbel im Austausch für den Wagen. Aber sie sind an den Möbeln nicht besonders interessiert, darum geben sie den Zettel irgendeinem anderen als Bezahlung für Ware oder geleistete Dienste.

Bitte behalte im Auge, daß es die ganze Zeit **Waren** (Deine Möbel) gibt, die die Quittung decken. Diese können von irgendjemand, der das Papierchen hat, beansprucht werden, wenn er wünscht, sich Deiner irdischen Güter zu bemächtigen.

Laß uns einen Schritt weitergehen. Du behältst Deine Möbel in **Deinem** Haus, anstatt sie zur Bank zu schleppen. Deine Möbel sind dann Waren, die der Bank **gehören** und für die Du eine Quittung ausgestellt bekommen hast. Die Waren sind da, zu jeder Zeit erhältlich und zugänglich.

Um die Wirtschaft anzureizen und die Produktion zu erhöhen, druckt die Bank „Scheine" in einem Verhältnis von, sagen wir mal 2:1 oder 3:1 und „leiht" dann diese Scheine den Herstellern, die dafür Maschinen kaufen, um etwas zu **produzieren.** Die Scheine sind noch immer durch Deine Haushaltsgüter gedeckt und wenn der Bank etwas zustoßen sollte, würden die Scheine immer noch den Wert des Teiles Deiner Güter haben, in dem Verhältnis, in dem sie ausgestellt wurden. Wenn das Schlimme zum Schlimmsten käme und ein Verhältnis von 3:1 angewendet worden wäre, würde jeder Besitzer eines Scheines ein Drittel von Deinen Möbeln erhalten. Dies wäre ein annehmbares Risiko; und **das** könnte Bankwirtschaft genannt werden.

In dem „Fractional Reserve System", das ich vorher beschrieben habe, könnten dann also 300 Prozent der hinterlegten Gelder ausgeliehen werden. Das würde natürlich den Geldumlauf und die daraus resultierende Inflation rapide in den Keller drücken, und die Leute hätten keinen leichten Zugang zu Krediten. Und die Wirtschaft, die würde ganz schnell wieder auf **Produktion** und **Austausch** basieren. Darüber hinaus würde es viel weniger Banken geben, und die Leute wären wohlhabender, da das Geld, das in der Wirtschaft zirkulierte, sich in ihren Händen befände, und nicht in den Büchern der Finanzhäuser.

In Zukunft könnte der wirkliche Zweck der Banken von den Leuten vergessen werden. Die Menschheit könnte entlangbummeln und grüne, blaue oder vielfarbige Papierscheine verteilen, ohne einmal zu lesen, was eigentlich darauf steht, weil das Lesen nämlich die Augen anstrengt.

Wenn das Banksystem sich einmal ändern sollte (Gott behüte uns davor) und Du nach der Übergangszeit einmal eine Banknote aus der Brieftasche nehmen und sie auch lesen würdest, könntest Du vielleicht folgende Sätze, sauber gedruckt und unterschrieben vorfinden:

BANKNOTE
FÜNFZIG DEUTSCHE MARK
DM 50 DM
DEUTSCHE BUNDESBANK
Unterschrift.........
Frankfurt am Main
Datum...............

WER BANKNOTEN NACHMACHT
ODER VERFÄLSCHT
ODER NACHGEMACHTE ODER VERFÄLSCHTE
SICH VERSCHAFFT
UND IN DEN VERKEHR BRINGT,
WIRD MIT FREIHEITSSTRAFE
NICHT UNTER ZWEI JAHREN
BESTRAFT.

Wäre das ein Zahlungsversprechen? Es sieht mir mehr wie eine Drohung aus.

Die netten Südafrikaner sind etwas diplomatischer. Sie würden es bestimmt so ausdrücken:

„ICH VERSPRECHE DEM ÜBERBRINGER AUF NACHFRAGE IN PRETORIA 10 RAND ZU ZAHLEN."

Nun machst Du mal einen Ausflug nach Pretoria, klopfst an die Tür und verlangst, bezahlt zu werden! Du wirst überrascht sein, was Du bekommst. Ein gleiches Stück Papier? Vielleicht! Oder einen finsteren Blick vom Sicherheitsbeamten, oder sogar eine Strafgebühr, wegen Verspottung der Amtsgewalt. Wie kannst **Du** es wagen, von dem System echten Gebrauch zu machen! Du bist doch nicht im „KOM(M)ÖDCHEN"!

In vergangenen Zeiten gab es die „Goldwährung" oder die „Silberwährung". Damals hieß es auf den Banknoten, daß irgend jemand versprach, DEM ÜBERBRINGER AUF ANFRAGE EINEN AUSGLEICH DER 10 GELD-EINHEITEN IN GOLD (oder Silber) zu zahlen. Du konntest da mit Deiner Plastiktüte hingehen und den Goldstaub mit nach Hause nehmen! Aber diese Zeiten sind längst vorbei und die Goldwährung ist durch unser jetziges System ersetzt worden, da es wirklich unpraktisch ist, Goldstaub in Plastiktüten herumzuschleppen.

Aber Gold spielt doch noch eine bedeutende Rolle:

In einem florentinischen Palast in der Nähe der Wall Street, New York, hat die Federal Reserve Bank ihren gigantischen Tresor.

Circa 80 Nationen, deren Nationalität aus Pietät und Takt natürlich geheimgehalten wird, haben dort aus Sicherheitsgründen ihre Goldreserven deponiert.

Bei internationalen Transaktionen werden die Goldbarren mit der Schubkarre von einer Zelle (jede Nation ist getrennt eingesperrt!) in die andere gefahren, um den **Gold**ausgleich für die **Geld**verschiebung zu schaffen.

Interessante Geschehnisse hinter Gittern. Den „Goldenen Vorhang" sollte man es nennen! Geh' selbst mal hin und schau' Dir an, wie das arme Gold im Gefängnis hockt. Die Wärter führen Dich gern herum und erzählen Dir nichts von dem, was Du wirklich wissen willst.

Interessante Welt, in der wir leben. Auf der US-Dollar-Note steht:

IN GOD WE TRUST.

(Wir trauen Gott.) Mein Computer fügt hinzu: Alle anderen müssen BAR bezahlen. Aber die BAR-REN sitzen im Kittchen, und wir schlagen uns mit Zahlungsversprechen herum, die außer der Überschrift und der Unterschrift nichts beinhalten. Der Einfachheit halber! Versteht sich! C.V.! Klarer Fall!

oooOOOooo

Da Du jetzt den **richtigen** Zweck der Banken kennst, magst Du fragen, was **Du** tun kannst, um den Spieß umzudrehen, sollte ein Herr Rockey einmal unseren Planeten besuchen, um seine fliegende Untertasse unter dem zerbrochenen Krug des Herrn Kleist zu parken. Es mag eine bittere Pille für Dich sein, aber es ist besser, für eine Weile in Freiheit zu leiden, als plötzlich in Sklaverei zu sterben.

Erstens würdest Du sofort auf Barzahlung umschalten und weder Deine Kreditkarte noch irgendeine andere Form von Kredit benutzen. Wenn das jeder täte, würde das begrenzte Bargeld, das der Wirtschaft zur Verfügung steht, die Inflation drastisch nach unten bringen, es sei denn, die „Koryphäen" würden dem schnell entgegen handeln und viel mehr „Scheine" drucken, damit das Rockey-System gewahrt bliebe. Aber laß uns an dieser Stelle die Finanzbehörden nicht als Schmutzfinken hinstellen.

Zweitens würdest Du Ordnung in Deinem Haus schaffen, so daß Du nicht auf Kredite angewiesen wärst. Du würdest die verlockende Reklame nicht weiter beachten, das Fernsehen abschalten, Dein Radio wegwerfen. Du würdest wieder den Vögeln zuhören und endlich Deiner Frau das Kochen beibringen. Du hättest mehr Zeit, mit Deinen Kindern zu spielen, denn **sie** sind ja Deine Zukunft!

Drittens, wenn Du für Deine Einkäufe bar bezahlst, würdest Du auf den 5 Prozent Rabatt bestehen, die in dem Kaufpreis eingeschlossen sind, um an die Finanzhäuser für ihren „Service" abgeführt zu werden. Nicht jeder Händler würde Dich mit offenen Armen empfangen, aber Du könntest **die** Geschäfte aufspüren, die bei diesem Spiel mitmachen **wollen.**

Irgendwann würde dann ein Loch auf den Guthaben-Konten bei den Banken entstehen. Irgendwann würden Leute anfangen, den echten Wert ihrer „Quittungen" in Frage zu stellen. Und vielleicht, in dem Grau der Zukunftsmorgendämmerung nach Rockeys Abflug, könnte wieder eine Wirtschaft erwachen, die auf **echter** Produktion basiert. Wer weiß?

Aber, es hätte mit DIR anzufangen!

DU könntest das erreichen, wenn Du zum Beispiel nicht mehr den netten Leuten zuhörtest, die Dir immer erzählen, es geht nicht. Diese „gut meinenden" Individuen möchten sehen, daß Du versagst und wollen nicht, daß Du erfolgreich bist. Sie würden bestimmt krampfhaft versuchen, weniger aus Dir zu machen, damit Du für sie keine Gefahr darstelltest. Sie könnten verängstigt sein und sich hinter ihrer Fassade der Geldmanipulation verstecken wollen. Wer kann das schon sagen?

Sie wären sicherlich interessant, aber nicht interessiert. Sie könnten selbst ihrer Schöpfung zum Opfer gefallen sein, mehr noch als Du, selbst wenn sie Dir immer etwas anderes erzählten. **Sie** wären dann die eigentlichen „Habenichtse", denn sie müßten „besitzen", um vor sich selbst bestehen zu können!

DU **könntest** über dem Rockey-System stehen, wenn Du willst, mein Freund. Wenn nicht, dann könnte Dein Vertrag mit der Zukunft nicht die Banknote wert sein, auf der er geschrieben ist.

Aber rege Dich jetzt nicht unnötig auf. Alles nur Vorstellung meinerseits, reiner Blödsinn, der nur Magenschmerzen verursacht. Schau Dich doch um. Es ist längst noch nicht so weit.

Deshalb frage ich aber trotzdem:

Wann wird Planet Erde seinen endgültigen Schritt tun und alle Lebewesen (innerhalb des Wirtschaftssystems) mit der unauslöschbaren „Markierung", die sie mit dem GROSSEN COMPUTER mehrmals am Tage verbindet, stempeln?

Dann, wenn wir von der nächsten großen „Krise" überrollt werden, und die Leute zu ihrer eigenen Sicherheit gezwungen werden, sich der nächsten totalitären Regierung zu unterwerfen! Noch ist es nicht soweit, mein Freund. Andersdenkende Stimmen werden zur Zeit noch viel zu tolerant behandelt. Aber warte auf die nächste große Krise, die schon jetzt sorgsam vorbereitet wird, denn die Technologie besteht mit Sicherheit.

oooOOOooo

So, nun hast Du die **Spitze** des Eisberges meiner Phantasie gesehen. Aber erinnere Dich an die „TITANIC"! Der Schaden wird immer von dem angerichtet, was sich **unter** der Oberfläche befindet.

DAS MONTAUK PROJEKT I

Entdecken sie die Wahrheit über das Phänomen Zeit!
Das „Montauk Projekt" deckt das erstaunlichste und am strengsten geheimgehaltene Forschungsprojekt der Geschichte auf. Es begann während des II. Weltkrieges mit dem „Philadelphia Experiment", bei dem die U.S. Navy in Zusammenarbeit mit der damaligen Elite der Wissenschaft (Nikola Tesla, Albert Einstein) Versuche durchführte, das Kriegsschiff USS Eldridge für feindliches Radar unsichtbar zu machen. Das Projekt wurde unterbrochen, nachdem es am 12. August 1943 zu einer kompletten Teleportation des Schiffes und seiner Besatzung gekommen war.
Das „Montauk Projekt" verbindet die Modalitäten der modernen Wissenschaft mit den höchsten esoterischen Techniken und katapultiert uns letztendlich über die Schwelle des Universums und unseres Bewußtseins hinaus. Wir alle wissen, daß „da draußen" irgend etwas ist, doch wir wissen nicht genau was.
Dieses Buch liefert nicht zuletzt ein paar handfeste Schlüssel darüber.

Preis: 30,- DM   ISBN 3-89539-269-3

RÜCKKEHR NACH MONTAUK

Die Spurensuche geht weiter!
„Rückkehr nach Montauk" deckt die geheimen okkulten Kräfte hinter der Wissenschaft und der Technologie auf, die beim Montauk Projekt verwendet wurden. Die Verstrickungen hinter dem größten Zeitreisenprojekt der Geschichte gleichen einem reich verzierten Wandteppich, der Verflechtungen von seltsamen Verbindungen wie beispielsweise des Cameron-Klans mit dem Ursprung der amerikanischen Raketen- und Raumfahrttechnik oder die bizarre Geschichte des elektronischen Transistors und der Magie des Aleister Crowley, Jack Parsons und L. Ron Hubbard aufzuweisen hat.
„Rückkehr nach Montauk" bringt neue Anhaltspunkte und Namen hinter dem Montauk Projekt ans Tageslicht und nimmt den Leser auf eine Reise mit, die das Szenario des ersten Buches um ein Weites übersteigt.

Preis 30,- DM   ISBN 3-89539-270-7

DAS MONTAUK PROJEKT III

(erhältlich ab Januar 1996)
Preis: 30,- DM   ISBN 3-89539-272-3

EDITION PANDORA

Tel.: 08861-59018 Fax: 08861/67091

Diese Titel erhalten Sie im Buchhandel oder über die Edition Pandora im Michaels Vertrieb, Sonnenbichl 12, 86971 Peiting.

Hrsg. Ulrich Heerd

DER ANFANG

In diesem Buch erzählt uns der Autor von seinen Erlebnissen in der „Mitte der Nacht".
Er beschreibt in einer Sprache, die noch ganz von dem Erlebten geprägt ist, seine persönliche „Einweihung". Er schildert uns seine Begegnung mit einer Wesenheit die er „Maria Sophie" nennt und an ihrer Hand durchschreitet er die Sternensphäre um am „See ihrer Augen kniend" den Urbeginn der Schöpfung zu sehen „seine Uroffenbarung" zu erhalten.
Das Buch hat nicht den Anspruch letzte Wahrheiten zu verkünden, „denn der Welt ist nicht Not an Antworten. Der Welt mangelt es an wirklichen Fragen...".
Aber auch diese Fragen stellt das Buch nicht in den Raum.
Der ein oder andere wird dieses Buch weglegen und nichts damit anzufangen wissen. Der Autor hofft aber, daß es auch LeserInnen geben mag, die seine Bilder über den Urbeginn, über die Würde und Freiheit des Menschen und über das Opfer aufnehmen, und in sich wachsen lassen.
Geht man solcher Art mit diesem Büchlein um, kann es zu einem ganz persönlichen Buch werden. Dann mögen Bilder und Fragen in der Seele dieser Menschen auftauchen und wachsen und die sind Voraussetzungen zu einem notwendigen Handeln.
Damit würde das großartige Geschenk das der Autor von seiner „Reise bis zu seiner Sehnsucht Rand" für sich mitgebracht hat, ein Geschenk auch für diese LeserInnen.

Ohne das Gegengewicht dieses Buches,
hätten wir die Edition Pandora nicht verlegen können.

Preis: 18,- DM
ISBN 3-89539-298-7

EDITION PANDORA

Tel.: 08861/59018 Fax: 08861/67091

Diesen Titel erhalten Sie im Buchhandel oder über die Edition Pandora im Michaels Vertrieb. Sonnenbichl 12, 86971 Peiting.

Milton William Cooper

DIE APOKALYPTISCHEN REITER

Als ehemaliger, in führender Position beschäftigter Geheimdienstmann, belegt er, entlarvt er und beweist er die schreckliche Tatsache: die Existenz einer geheimen Weltregierung. Er nennt Namen und Quellen. Er schreibt welche Organisationen und welche Techniken von wem und wie benutzt werden.

Ein Buch das mahnt. So wie die Indianer einst Christoph Columbus zujubelten, um dann durch die Krankheiten, die Gier und die Technik des weißen Mannes qualvoll ausgerottet zu werden, so kann uns das mit den Überbringern der „neuen" Technik ebenfalls geschehen.

Ein Werk das die zunehmende Macht in den Händen weniger, sei es die Großfinanz, sei es die UNO, genauso hinterfragt, wie den Machbarkeitswahn. Hier wird der Schnittpunkt: neue Technik, außerirdische Intelligenz, Geheimdienste, Politiker, Hochfinanz und Logentum schonungslos dargestellt. Dadurch wird dieses Buch zu einer einzigen Mahnung. Die Frage ob es Kontakte zu außerirdischen Intelligenzen gibt, kann mit den Fakten in diesem Buch endgültig als bewiesen gelten. Viel wichtiger aber ist die Frage: was bedeutet das für uns. Welche Gefahren liegen hier für die Entwicklung der Menschheit. Indem er diese Frage in den Mittelpunkt stellt und aufzeigt wie die „Fürsten" dieser Welt sich ihrer bedienen, bzw. sich ihrer bedient wird, erfährt dieses Buch erst seine wahre Bedeutung und hebt sich wohltuend von der Vielzahl der „UFO Bücher" und den Büchern über die „Weltverschwörung" ab.

Preis: 48,- DM
ISBN 3-89539-285-5

EDITION PANDORA
Tel.: 08861/59018 Fax: 08861/67091

Diesen Titel erhalten Sie im Buchhandel oder über die Edition Pandora im Michaels Vertrieb, Sonnenbichl 12, 86971 Peiting,

Bob Frissell

ZURÜCK IN UNSERE ZUKUNFT

Wenn die herkömmlichen Erklärungen über den Sinn des Lebens Sie nicht befriedigen und Ihnen auch die diversen New Age-Ansätze unzureichend erscheinen, werden die Gedanken in diesem Buch eine Bereicherung für Sie sein können. Aus der Sicht der aufgestiegenen Meister, von Toth, Babaji und Melchizedek, wird ein Überblick vermittelt über das große Schauspiel, das auf unserem Planeten in diesem Moment abläuft.

„Zurück in die Zukunft" ist auch ein Buch über die heilige Geometrie. Nach einem einzigartigen kosmischen Experiment im Jahre 1972 erreicht nun die Entwicklung auf Erden ungeahnte Geschwindigkeiten, die wir selbst innerhalb des Systems nicht direkt erfahren. Lassen Sie sich überraschen von den unerhörten Ideen, die Sie in diesem spannenden Buch finden.

Auszug aus dem Inhaltsverzeichnis:

5. Dimensionen 33
Die Mer-Ka-Ba; Die Melchizedeks

9. Das Rechte Auge des Horus 79
Das Gesetz des Einen; Menschen; Die Zahl Phi; Die Spirale; Die Fibonacci-Sequenz; Die Chakra-Systeme; Die externen Chakra-Punkte; Das Auge;

13. Das Philadelphia-Experiment 151
Die Marsmonumente; Freie-Energie-Maschinen; Venus; Die verstümmelten Rinder;

15. Die Geheime Weltregierung 177

16. Was sind die Konsequenzen? 235

Preis: 30,- DM
ISBN 3-89539-260-X

EDITION PANDORA

Tel.: 08861/59018 Fax: 08861/67091

Diesen Titel erhalten Sie im Buchhandel oder über die Edition Pandora im Michaels Vertrieb, Sonnenbichl 12, 86971 Peiting.